PORTO ARQUITECTURAS - LOJAS DO PORTO

Edições
Afrontamento

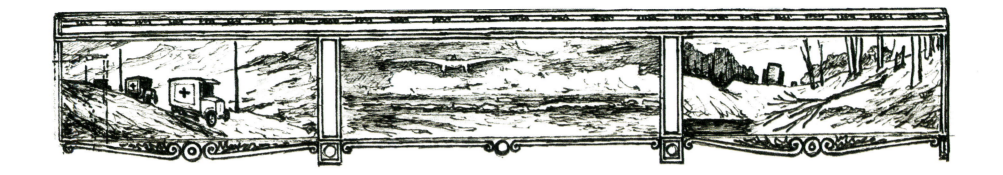

VOLUME 2 *Lojas do Porto*

LUÍS AGUIAR BRANCO

Esta edição teve o apoio de:

Título: Lojas do Porto
Autor: Luís Aguiar Branco | www.arqlab.pt
Desenhos e fotografias: Luís Aguiar Branco (salvo os devidamente identificados)
Apoio informático: Vera Santos Silva e Pedro Cardoso
© 2009, Luís Aguiar Branco e Edições Afrontamento
Edição: Edições Afrontamento, Lda., Rua Costa Cabral, 859 – 4200-225 Porto
geral@edicoesafrontamento.pt | www.edicoesafrontamento.pt
Nº de edição: 1249
Colecção: Porto Arquitecturas, I
Concepção Gráfica: Edições Afrontamento, Departamento Gráfico
ISBN: 978-972-36-1047-5
Depósito Legal: 303073/09
Impressão e Acabamento: Rainho & Neves, Lda, Santa Maria da Feira
geral@rainhoeneves.pt
Dezembro de 2009

Levantamento
Registo Arquitectónico

«Dir-se-ia que, perdido o pé, nos afundamos num mundo que desconhecemos porque não é nosso, porque é consumido por nós. No mundo natural, no mundo visual, no mundo cultural, o homem vê desaparecerem os seus elementos de identificação, o seu território, o seu sistema de relações».

Fernando Távora – Arquitecto

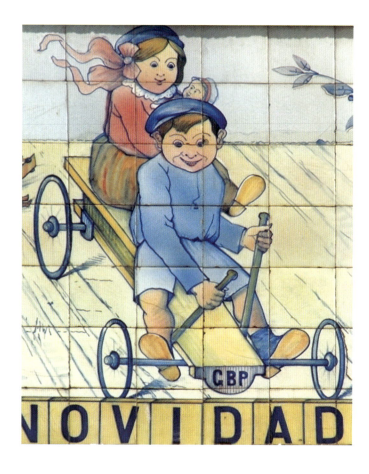

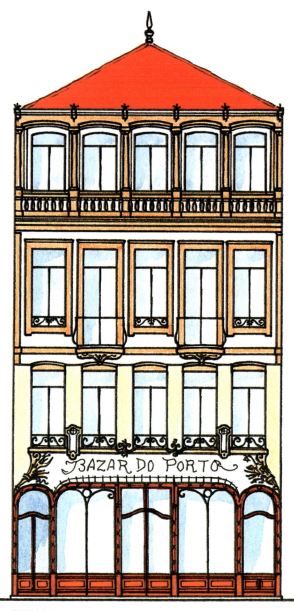

FACHADA

BAZAR DO PORTO LUIZ SOARES
Rua de Santa Catarina, 192-200

Ano/Autor: 1916 / Eduardo C. Alves J., Arq.

O prazenteiro fascínio que um qualquer bazar provoca ainda se assume na alegria figurativa dos azulejos inseridos na fachada do edifício oitocentista. Enquadrando o espaço central com letrismos arte nova sublimando o proprietário, dois pequenos brincam num inseguro carrinho de rolamentos enquanto um miúdo constrói uma sequência de cubos com letras identificando o estabelecimento. A infeliz ignorância dos anos sessenta demoliu a espaçosa *devanture* em ferro com um delicado alpendre e um friso-entablamento em cimento, com decorações festivas e revestimento azulejar publicitário.

FACHADA CORTE

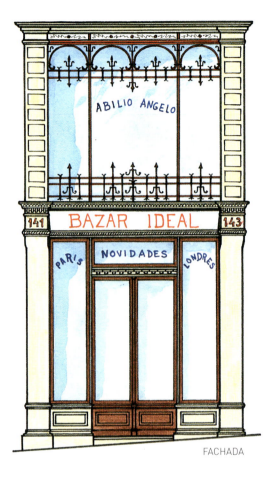

FACHADA

PERSPECTIVA

FACHADA

BAZAR IDEAL (ABÍLIO ÂNGELO) / depois RAUL PEREIRA DA COSTA
Rua de Sá da Bandeira, 141-143

Ano/Autor: 1910 / António P. P. Bravo, Arq.
As estreitas parcelas com edifícios esguios determinaram, nas zonas de intensa actividade comercial, o aparecimento de projectos que transformam o primeiro andar em montra, amplificando o efeito arquitectónico geral. Neste projecto, construído para o comerciante Abílio Passos Ângelo e, pouco depois, trespassado para Raúl Pereira da Costa, o avanço das pilastras rusticadas enquadra uma montra graficamente embelezada com serralharias e vidros riscados pelas novidades de Paris e Londres. A sua digna existência seria alvo de expropriação em 1941 para a cosntrução do chamado «arranha-céus» de Maurício Macedo, virado para a nova Praça de D. João I.

BAZAR NATAL (REINALDO TAIPA)
Rua de Santa Catarina, 174

Ano/Autor: 1926 / João Queiroz, Arq.
Esta fachada, construída em cimento com pilastras de cogulhos terminais emoldurando uma espalhafatosa jarra central que derrama floreados, durará apenas quatro anos, apanhada na encruzilhada das novas tendências estéticas do modernismo arquitectónico que os anos trinta anunciam. Caso existisse na actualidade, seria, talvez, objecto de protecção por constituir uma variante incomum que enriquece a diversidade arquitectónica.

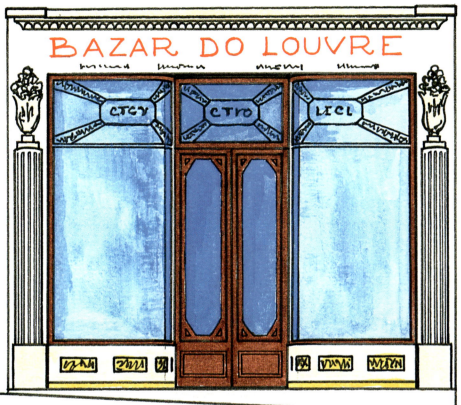

FACHADA

BAZAR DO LOUVRE / BAZAR LONDRES
Rua de Sá da Bandeira, 184-186

Ano/Autor: 1927 / Amoroso Lopes, Arq.
O estabelecimento comercial construído evidencia pequenas alterações em relação ao projecto, particularmente na identificação que se desorienta entre a atracção francesa ou inglesa, mas também na definição das ombreiras e seus atributos decorativos. As ombreiras são entendidas como pilastras curvas caneladas e destacam baixos-relevos de percepção clássica, dignificando a tendência geral geometrizante e as montras curvas que nos empurram para a entrada central. No interior foi destruído todo o mobiliário *art déco*, perdendo-se o reflexo estético produzido pela fachada existente.

FACHADA

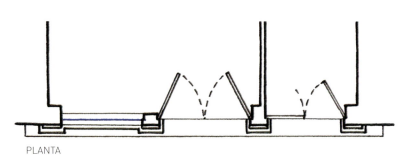
PLANTA

FACHADA

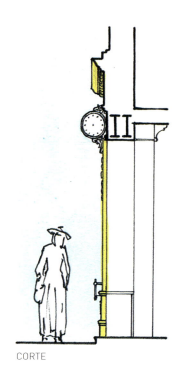
CORTE

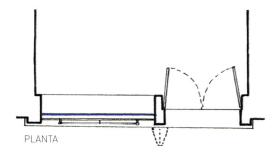
PLANTA

CASA PIMENTEL – RELOJOARIA
Rua de Santo António, 221-233 (Rua 31 de Janeiro)

Ano/Autor: 1906 (Fund. 1852)
No processo do planeamento urbano almadino do século dezoito, é fundamental o eixo 31 de Janeiro-Clérigos para assistir a uma articulação transversal entre os vários pólos de desenvolvimento urbano. Esta articulação estrutural potenciou um extraordinário vigor económico ao longo do século dezanove, que daria forma à zona mais comercial da cidade. Na antiga Rua de Santo António instalam-se uma grande diversidade de comerciantes, que adquirem prestígio como fornecedores da Casa Real, destacando-se os alfaiates e as relojoarias. O estabelecimento de Guilherme Pimentel já existia no século dezanove, tendo reformulado a fachada em 1906 com apainelados metálicos, segundo um esquema já tradicional. A loja viria a ser substituída pela Relojoaria Peres e depois pela Cotrim.

ALBERTO VIANA – RELOJOARIA
Rua de Santa Catarina, 51

Ano/Autor: 1927 / João Torres V., Arq.
A noção obscura do Tempo sempre acompanhou o quotidiano da vida terrena, que procura na sistematização mecânica transformada em relógios (colocados na Câmara Municipal e nas Igrejas) uma tentativa de guiar os ritmos da vida e da alma. O objecto precioso aproxima-se da arte de ourives, passando a coexistir em simbiose na actividade comercial. Nos estabelecimentos de relojoaria, quando se pretende evidenciar a especialização, coloca-se um relógio biface no enquadramento da fachada, como nesta *devanture* ecléctica, que foi demolida nos anos 60.

FACHADA

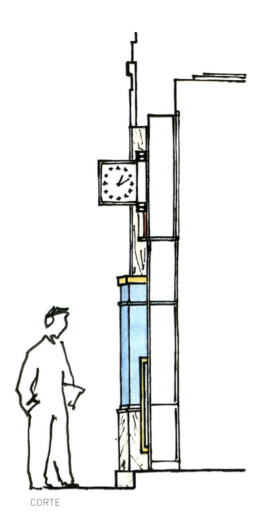
CORTE

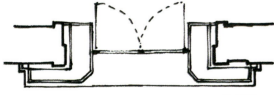
PLANTA

MARCOLINO
ADRIANO MAGALHÃES, LDA.

RELOJOARIA MARCOLINO
Rua de Passos Manuel, 130

Ano/Autor: 1936 / Homero F. Dias, Arq.
O projecto denunciava uma habilidade extrema para alterar uma porta comum preexistente dissimulando a pequenez do estabelecimento e avançando duas montras laterais sobre a modinatura do vão, que se expande em revestimento marmóreo. O cuidado desenho das caixilharias enfatiza o relógio exterior luminoso e os letrismos que recebiam néons. A capacidade empresarial fez desenvolver o negócio, que se alargou sucessivamente para os lotes vizinhos, substituindo a arquitectura original.

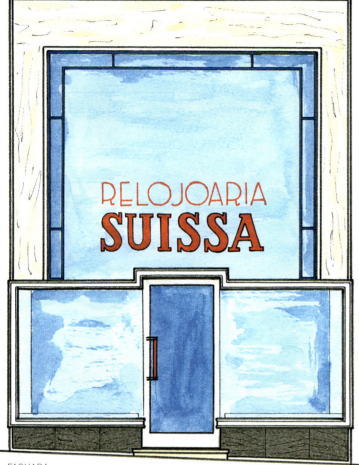

FACHADA

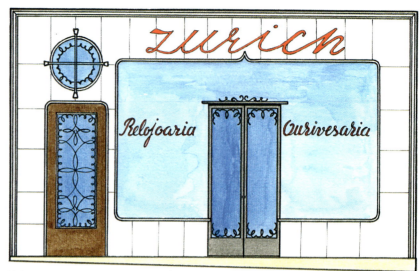

FACHADA

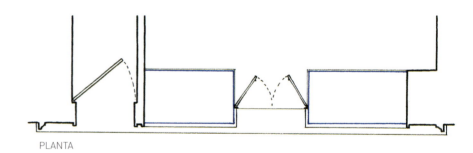

PLANTA

RELOJOARIA SUÍSSA (DOURADO & FERREIRA, LDA.)
Rua de Sá da Bandeira, 148

Ano/Autor: 1940 / José Lima Junior, Eng. (T.R.)
Corria o ano de 1936 quando Fernando Franchini Dourado e Carlos Ferreira Júnior se estabeleceram na venda de relógios a pronto e a prestações, assim como numa oficina que prestava assistência a entidades públicas e privadas de relevo. A larga clientela justificou a procura de um local de prestígio para a nova loja de 1940. O projeto apresentava grandes superfícies vítreas envolvidas por uma larga moldura em mármore lioz e uma estreita faixa marcando as vitrines laterais e a porta central, destacando superiormente a feliz escolha do nome que alia tradição e qualidade mundial e que identifica a relojoaria Suíça. Todo o edifício foi demolido em 1952.

RELOJOARIA-OURIVESARIA ZURICH
Rua de Santa Catarina, 370

Ano/Autor: 1949 / Avelino dos Santos, C.C.
Estabelecimento fundado em 1941 na Rua de Fernandes Tomás por Alípio Lopes Fernandes, desloicaliza-se pouco depois para a Rua de Santa Catarina, renovando a fachada em 1949. Esta apresenta uma espaçosa montra que engloba a porta central e insere letrismos de cobre sob o vidro. A moldura geral em marmorite abrange a porta do prédio e um óculo superior. Foi demolida nos anos 80, tendo perdurado na memória comercial o slogan «Zurique a primeira a apresentar as últimas novidades».

FACHADA

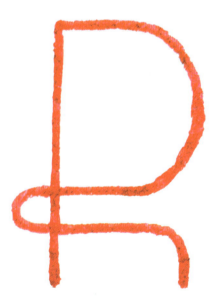

RELOJOARIA J. MOURA
Rua de Santo Ildefonso, 56-60-(66)

Ano/Autor: 1943 / Jofre António Justino, Eng. (T.R.)
O projecto apresentado corresponde à renovação e alargamento para parcela contígua da Relojoaria de João Martins Moura, que já se encontrava neste local desde o início do século XX. A fachada desenvolve um esquema simétrico, com uma moldura em mármore que envolve as portas laterais dos prédios e um espaço vítreo unificado na bandeira superior com letrismos vigorosos, mas separando a parte inferior em duas lojas com portas recuadas. Na actualidade, o estabelecimento encontra-se novamente apenas no lote original, mantendo a fachada modernista que resiste ao camartelo ignorante.

José Ayres da Silva Rosas (1849-1923)
Óleo de João Augusto Ribeiro

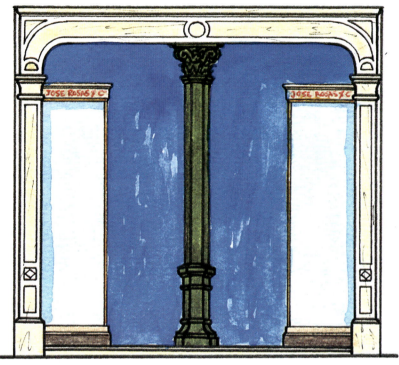

FACHADA

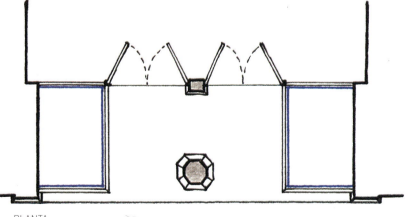

PLANTA

OURIVESARIA COUTO & MOURA / depois JOSÉ ROSAS
Rua das Flores, 247-249

Ano/Autor: 1875 / José Geraldes S. Sardinha, Arq. (atrib.)
Uma sucessão interfamiliar, desde o início do século XIX, honrou os pergaminhos históricos através da ourivesaria e joalharia transformada em arte, alcançando reconhecimento internacional pelo mérito da execução e pela originalidade estética.
O projecto de 1875 apresentava um emolduramento em mármore com montras encostadas e uma porta dúplice recuada, destacando-se a atitude de vanguarda arquitectónica no uso do ferro transposto para a fachada, recorrendo a uma coluna facetada que germina em ornamentado capitel. A perda do prestígio comercial da Rua das Flores obrigou à deslocalização do negócio para a zona da Boavista, onde se respira a alma de uma tradição que orgulha a cidade e o país.

FACHADA

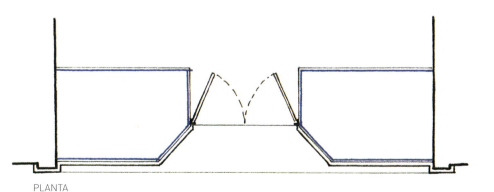
PLANTA

OURIVESARIA LEITÃO & IRMÃO / actual LIVRARIA MOREIRA
Praça de D. Pedro, 42-44 (Pr. da Liberdade)

Ano/Autor: 1877 (Fund. 1822)
A influência da actividade comercial na génese e introdução de novas estéticas arquitectónicas é perceptível no texto da memória descritiva do projecto em 1877, que refere a pretensão de «montar um estabelecimento de ourivesaria pelo sistema usado no estrangeiro». Esta aculturação significava a introdução na cidade da primeira *devanture*, colocada no espaço libertado de portais, permitido pelo recurso a vigas de ferro suportando o edifício. O projecto evidencia a tipologia da fachada tripartida que depois se tornaria comum. A moldura de enquadramento em mármore deverá ter sido concretizada também em ferro, pois a fachada actualmente existente da Livraria Moreira já existia, pelo menos em 1910. No entablamento vislumbra-se a novidade da porta de enrolar, para segurança e protecção durante o período nocturno.

OURIVESARIA COUTINHO
Rua das Flores, 187, Rua dos Caldeireiros

Ano/Autor: 1859 (Fund.) ■ 1957 (Alt.)

A Ourivesaria Coutinho foi fundada em 1859, instalando-se neste local após rectificação e alargamento deste tramo da Rua dos Caldeireiros, num edifício que segue a arquitectura corrente do século XIX. Os dois primeiros pisos da fachada foram reformados em 1957 com uma intervenção mínima que aceita os portais como montras de exposição dos artigos, exultando da luz incidente. Esses brilhos perpassam um interior aconchegado pela parede côncava revestida de mobiliário e descansam na digna singeleza dos pequenos bancos com desenhos de palmetas em leque.

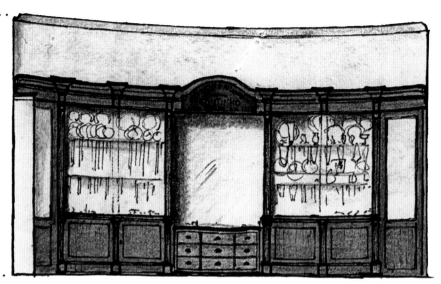

CORTE – INTERIOR

PLANTA

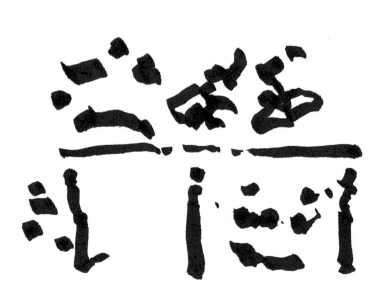

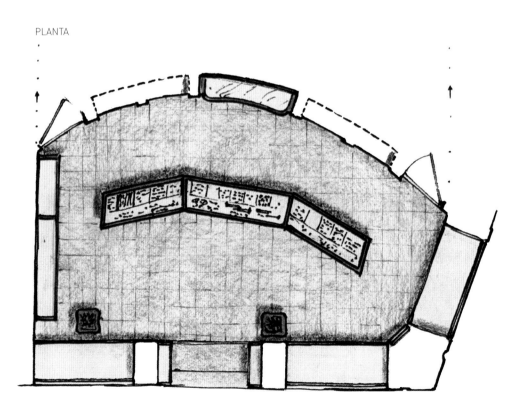

OURIVESARIA NEVES & FILHA, LDA.
Rua das Flores, 117

Ano/Autor: 1870 (Fund.)
Este edifício é um dos mais antigos da Rua das Flores, tendo o piso térreo sido alterado com a substituição de uma fresta-óculo por mais um portal, assumindo assim uma sucessão porticada de vocação comercial. Os letrismos anunciam os excessos de um interior repleto de pormenores dignificadores do espaço, servindo um pavimento que acarinha, um mobiliário que envolve e um tecto que nos ampara.

RELOJOARIAS, OURIVESARIAS | 21

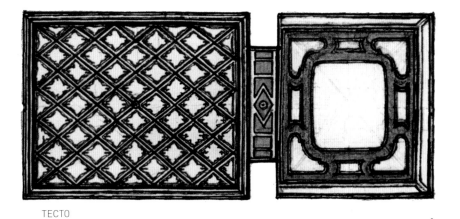
TECTO

FACHADA

CORTE – INTERIOR

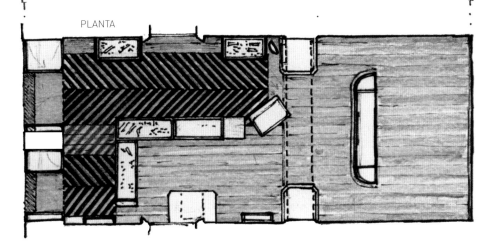
PLANTA

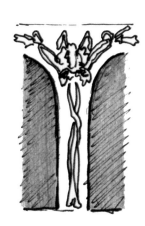

OURIVESARIA REIS & FILHOS
Rua de 31 de Janeiro, 245 < Rua de Santa Catarina

Ano/Autor: 1890 (n.º 239) ■ 1905 (n.º 245) / J. Teixeira Lopes, Arq., António Teixeira Lopes, Esc., Pimentel Sarmento , C.O.P. – Fundição-Companhia Aliança ■ 1914 (n.º 235) / Alexandre Domingues, M.Ob. (T.R.)

António Alves Reis estabelece o seu negócio em 1880 no cruzamento de duas importantes artérias comerciais, e o reconhecimento técnico do seu mester reflecte-se na execução de importantes encomendas para a Casa Real. Este mérito é acompanhado pela dignificação e ampliação do espaço comercial em sucessivos momentos. Em 1890 é construída uma *devanture* metálica (n.º 239) que segue o esquema tradicional, onde se instala a secção de joalharia no salão Império com um tecto alegórico de Domingos Costa. A reformulação simétrica da esquina com um frontão de volutas que enfatiza a figura feminina acontece em 1906, com um projecto que respira mestria técnica executado pela Companhia Aliança, recorrendo a um esqueleto de ferro e aço numa linguagem ecléctica de tendência arte nova. Aqui funciona a secção de pratas no salão Luís XV, dignificado através do mobiliário, da iluminação e de um friso animado de baixos relevos figurativos que enquadra uma cena mitológica no tecto, com o joalheiro real a servir as damas da Corte num jardim de recreio. A ampliação de 1914 reformula também a primeira *devanture*, e corresponde à secção de mármores e bronzes de arte no salão intitulado Luís XVI. A fachada com colunas de mármore, pontuada em bronze nas bases, nos capitéis e nas grinaldas, é decorada com um medalhão central e, apesar de ter sido demolida nos anos 60, foi reposta há poucos anos recorrendo ao projecto original.

TECTO

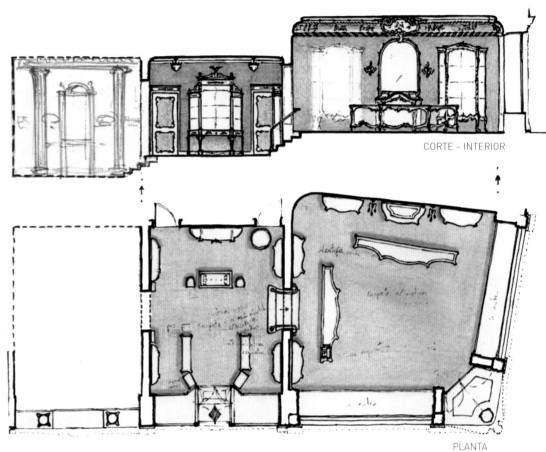

CORTE – INTERIOR

PLANTA

FACHADA

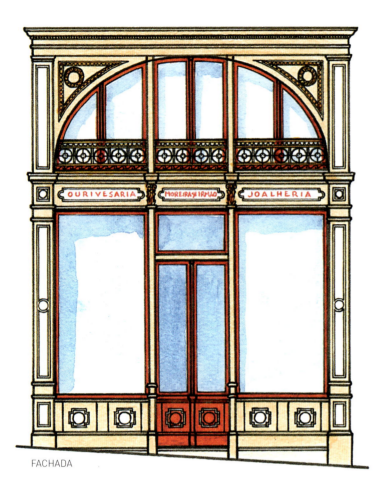

FACHADA

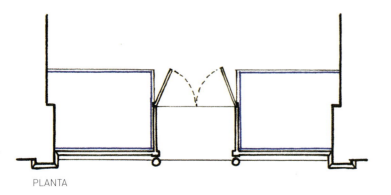

PLANTA

OURIVESARIA BARROSO & FILHO
Rua das Flores, 257

Ano/Autor: 1903 (Fund.)
A fachada busca a ressonância clássica do mármore no revestimento dos portais de padieiras curvas, onde se encostavam montras amovíveis. O generoso efeito do pavimento em mosaico decorativo acompanha o mobiliário desigual que percorre as paredes, destacando preciosidades artísticas e dando um lugar de relevo a quadros familiares ovalados de Guilherme Pereira Barroso e seu filho. A loja encerrou há poucos anos, permanecendo na memória a placa publicitária decorada com anjos, que se fixava na varanda do primeiro andar.

OURIVESARIA MOREIRA & IRMÃO
Rua de Sá da Bandeira, 146-148

Ano/Autor: 1889 / Joel da Silva Pereira, Arq.
O projecto informado em modelos europeus segue uma tipologia que, pela primeira vez na cidade, engloba a sobreloja no desenho geral da *devanture*, abrindo caminho para o engrandecimento e a visibilidade urbana da arquitectura comercial. O esquema tripartido, com apainelados metálicos nos extremos e colunas de ferro definindo a entrada, é rematado pela singularidade arqueada da sobreloja, que se opõe a um entablamento horizontal. Foi demolida em 1940 e substituída pela Relojoaria Suíssa.

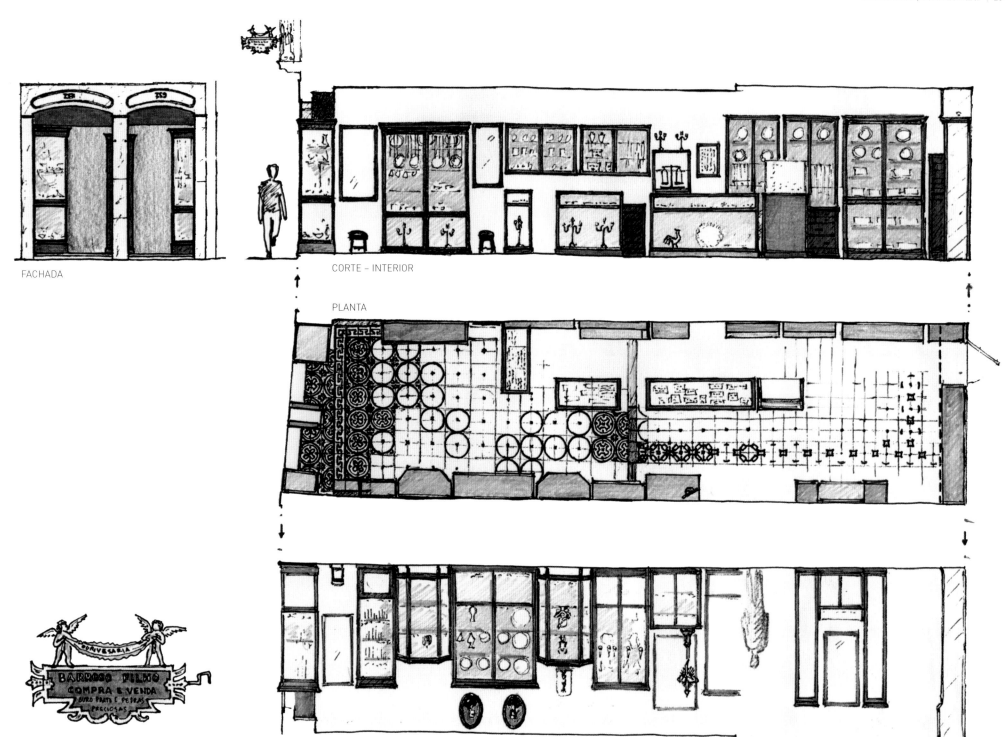

FACHADA

CORTE – INTERIOR

PLANTA

OURIVESARIA-JOALHARIA ANCORA
Rua de 31 de Janeiro, 23

Ano/Autor: Início do século XX (1904?) (Fund.) ■ 1908 / António Pereira da Silva, M.Ob., Manuel R. F. Barros, M.Ob.

Ao estabelecimento do início do século aparecem referenciados os nomes de João da Fonseca Sousa e Domingos da Rocha Guimarães. A fachada foi reformulada em 1908 com o vigor da simplicidade, através de um embasamento em mármore claro e oferecendo uma escuridão pintada, que faz luzir a exposição aurífera nas montras. O entablamento afirma letrismos decorativos e apoia-se em consolas enroladas por cordas nos extremos, destacando o apelativo símbolo da firmeza, solidez, tranquilidade e felicidade.

JOIAS -- OURO -- PRATAS
Para todos os gostos. Para todos os preços
A mais linda colecção em Joias genero antigo
OURIVESARIA ANCORA
Domingos da Rocha Guimarães — RUA 31 DE JANEIRO, 25 — PORTO

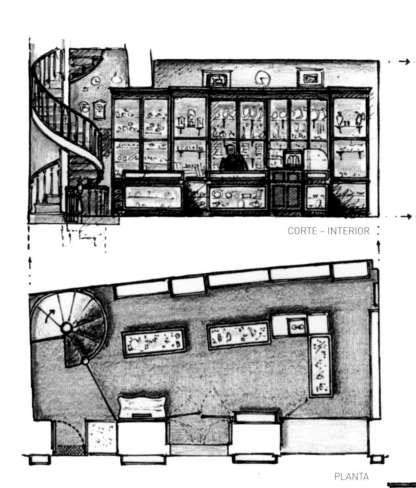

CORTE – INTERIOR

PLANTA

FACHADA

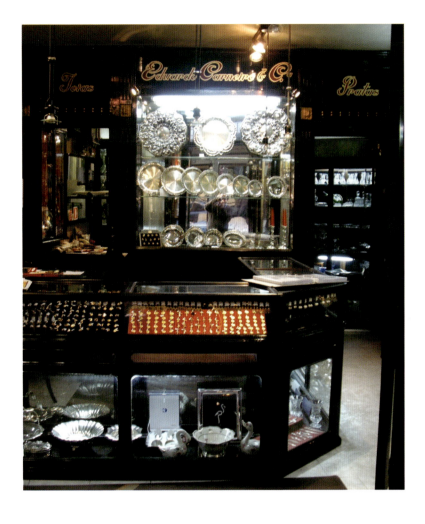

OURIVESARIA EDUARDO A. CARNEIRO
Rua das Flores, 255

Ano/Autor: Final do século XIX (Fund.) ■ 1912 (Fach.) / Fundição de Francos, Franscisco Santos Silva, M.Ob.

Esta actividade mesteiral afirmou-se até ao século XVIII na zona da ourivesaria situada perto de S. Francisco. A deslocalização dos ourives para a Rua das Flores acontece durante o século XIX, tornando este arruamento o mais prestigiado da cidade. O estabelecimento recebe uma *devanture* metálica produzida na Fundição de Francos em 1912, exibindo colunas de ferro exteriores a suportar o entablamento e enquadrando a porta lateral do prédio e a tipologia tripartida comum. O interior inspira requinte na exposição e dignificação dos brilhos que se reflectem na íris de cada um.

RELOJOARIAS, OURIVESARIAS | 29

CORTE – INTERIOR

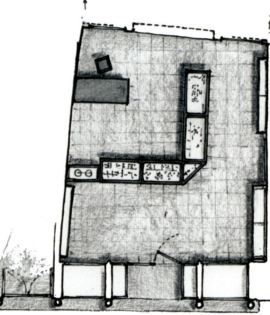
PLANTA

FACHADA

JOALHARIA MIRANDA, FILHO & DUARTE / actual CASA VICENT
Rua de 31 de Janeiro, 172-174

Ano/Autor: 1905 / Fundição de Massarelos
Notável fachada cinzelada na fundição de Massarelos segundo a fantasia do formulário rocaille, característico do período Luís XV, transpondo aspectos decorativos que os artífices da ourivesaria nunca abandonaram para a arquitectura comercial. A animação de linhas contorcidas em concheados, enrolamentos e volutas dissimula o esquema tripartido que se acalma em simetria. Este momento estético prolonga-se no interior com mobiliário de estilo encostado ao papel de parede rosa velho e um tecto com um friso que avança modilhões e suspende tortuosos candeeiros.

FACHADA

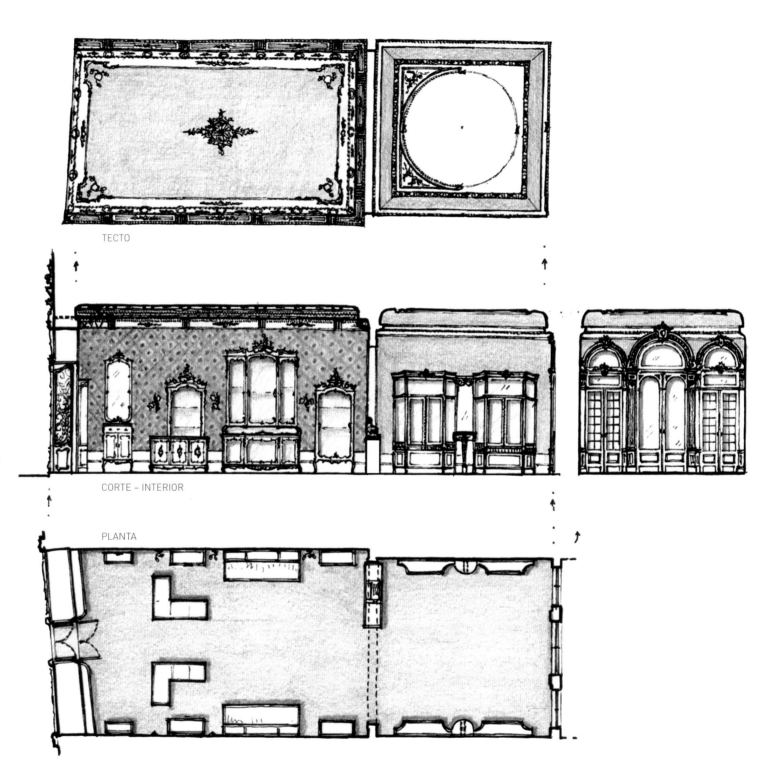
TECTO

CORTE – INTERIOR

PLANTA

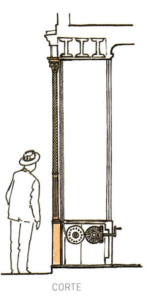

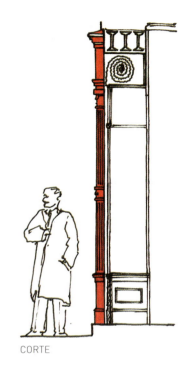

FACHADA   CORTE   FACHADA   CORTE

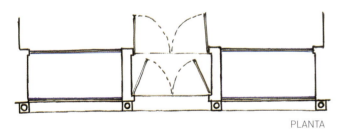
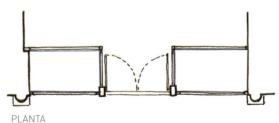

PLANTA   PLANTA

OURIVESARIA-JOALHARIA SILVÉRIO STRECH
Rua de 31 de Janeiro, 35-37

Ano/Autor: 1911 / Francisco Pinto de Castro, Ant. Joaquim de Carvalho, M.Ob.
O projecto corresponde à substituição da *devanture* de madeira (que havia pertencido à Relojoaria Couto) por uma em ferro, usando colunas a separar as montras da porta central. A solução construtiva da entrada utiliza duas ombreiras em ferro fundido que interligam a porta exterior, com um gradeamento artístico, e a porta interior. O embasamento das montras é decorado com ondulações acentuando o nome do proprietário, e esconde o mecanismo de segurança que enrola as persianas metálicas. Foi demolida em 1954 e substituída pela moderna loja Teixeira & Brito.

OURIVESARIA ALEXANDRE TORRES
Rua de Passos Manuel, 10

Ano/Autor: 1913 / António Joaquim de Carvalho, M.Ob.
A zona de Sá da Bandeira afirma-se no início do século como um pólo de intensa actividade comercial citadina, assistindo de forma contínua à instalação ou renovação das fachadas comerciais. A *devanture* em ferro construída para Alexandre Jorge Gonçalves de Oliveira segue o esquema tripartido tradicional, delimitado por colunas adossadas suportando o entablamento (onde enrolava o sistema de protecção) e destacando a porta central com serralharia de belo efeito decorativo. O edifício do século XIX foi demolido em 1952 e substituído por um moderno projecto do arquitecto Eugénio G. Alves de Sousa.

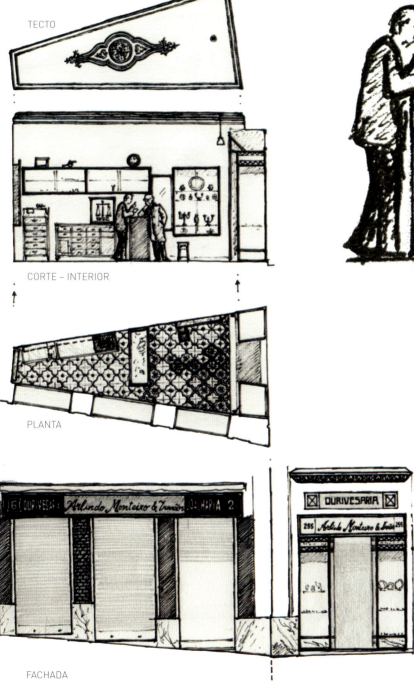

TECTO

CORTE – INTERIOR

PLANTA

FACHADA

OURIVESARIA ARLINDO MONTEIRO & IRMÃOS
Rua das Flores, 225 < Rua de Trindade Coelho

Ano/Autor: 1910 (Fund.) ■ 1929 (Fach.) / Inácio P. de Sá, C.C.
No estratégico e movimentado local, o pequeno espaço é definido por um emolduramento de ténue ressonância clássica com uma cornija a demarcar o lugar inscrito de ourivesaria. Na Rua de Trindade Coelho ainda se vislumbra a qualidade gráfica da tabuleta publicitária em vidro pintado.
O pequeno espaço interior, povoado de mosaicos, induz uma intimidade receptiva a conversas quotidianas, na sombra do lugar das coisas simples: banco, balança, relógio, vitrina, estuque...
Ainda assistiu ao empobrecimento da rua, tendo encerrado as portas há poucos anos.

OURIVESARIA CUNHA / actual CONFEITARIA SERRANA
Rua do Loureiro, 46-52

Ano/Autor: 1912 / F. Oliveira Ferreira, Arq., José Oliveira Ferreira, Esc.
O desenho apresentado corresponde ao estudo esquemático preparatório que faz uma antevisão da estrutura orgânica do desenho final, que nunca concretizei.
O eclectismo de inspiração clássica da fachada procura amplitude unindo duas parcelas separadas por pilastras jónicas, definindo o lado da montra e o lado da entrada, com uma caixilharia em ferro percorrida superiormente por festões. Uma grade decorativa acompanhava os vãos do primeiro andar e destacava o motivo escultórico «Os meus amores» de José de Oliveira Ferreira. O interior define um espaço de circulação que evolui até à escadaria. Uma zona de pé-direito duplo é anunciada por colunas jónicas que se prolongam no primeiro andar em pilares, com encostados anjos simétricos (plenos de romantismo) oferecendo flores. No tecto, um bordamento de pombos e grinaldas enquadra uma pintura de Acácio Lino a clamar restauro.
Esta esquecida loja extraordinária devia estar protegida como valor arquitectónico, e deveria recuperar de forma criteriosa a fachada perdida e os valores espaciais do interior.

RELOJOARIAS, OURIVESARIAS | 35

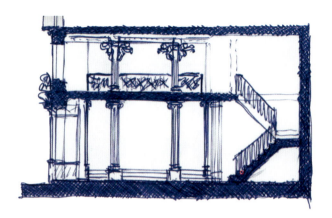

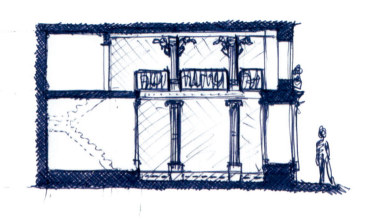

CORTE – INTERIOR

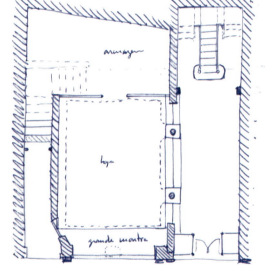

PLANTA

FACHADA

OURIVESARIA CUNHA / actual MACHADO JOALHEIRO
Rua de 31 de Janeiro, 200

Ano/Autor: 1914 / F. Oliveira Ferreira, Arq.
Dois anos após o projecto da Rua do Loureiro, Alfredo Pinto da Cunha concretiza um novo estabelecimento numa zona comercialmente mais prestigiada, justificando a deslocalização da escultura que integrava a anterior ourivesaria. O projecto sofre alterações durante a construção inserindo volutas na base das montras e no remate superior em sentido oposto, o que contribui para um efeito ovalado de tendência arte nova. O revestimento em mármore lioz abrange a porta lateral e é pontuado por aplicações em bronze com medalhões, pingentes e grinaldas. Estava projectado no arco a inserção de lâmpadas esféricas. O interior confirma o requinte da fachada, no imobiliário, na iluminação e particularmente no arco abatido com duas colunas, onde existiu uma grade-cancela que garantia um espaço semiprivado.

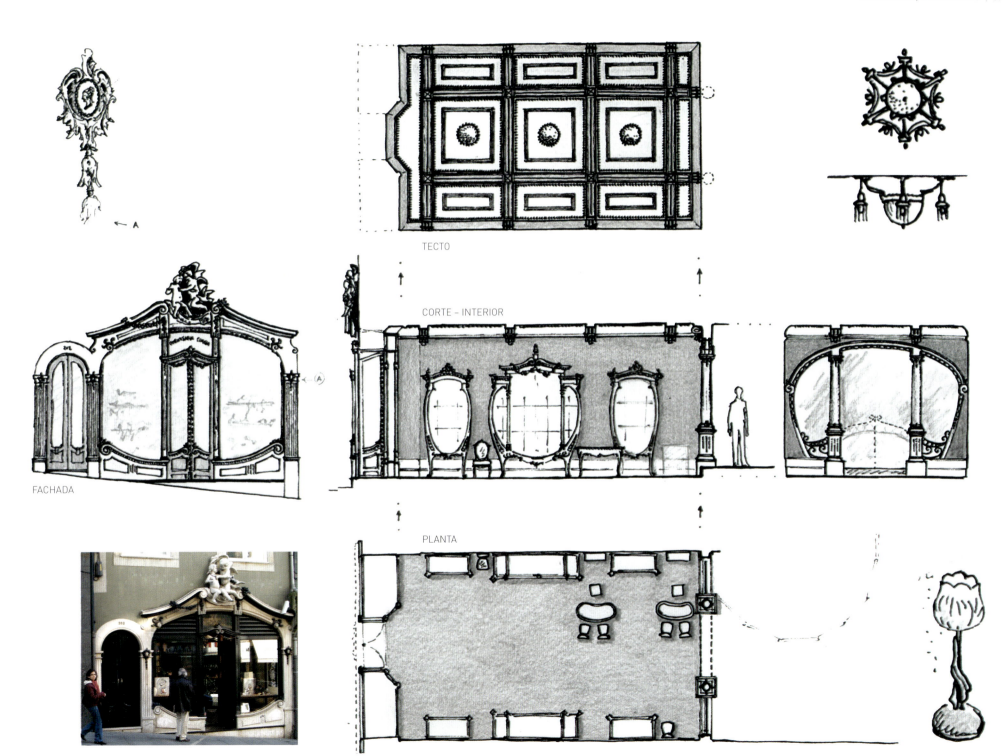

FACHADA

PLANTA

FACHADA

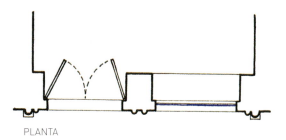
PLANTA

OURIVESARIA CAETANO SOUZA PINTO & BARBEDO, SUCC.
Rua das Flores, 147-151

Ano/Autor: 1915 / Ant. F. M. Ramalhão, M.Ob., Fundição do Bolhão
A firma reúne dois ourives com experiência profissional independente desde o final do século XIX. Após a demolição dos três portais existentes, instala-se a *devanture* em ferro produzida pela fundição do Bolhão, repetindo o modelo tripartido tradicional. Apesar desta tipologia ter sido comum, actualmente o seu número começa a escassear sendo pertinente a conservação das ainda existentes, que devem ser entendidas como arquitectura qualificadora do espaço urbano. Não é merecedora de classificação apenas, é um gesto de informada inteligência a sua manutenção.

OURIVESARIA-RELOJOARIA E. PINTO DE ALMEIDA, SUCC.
Rua de 31 de Janeiro, 50-52

Ano/Autor: 1860 (Fund.) ■ 1915 (Fach.) / Inácio P. de Sá, C.C.
O estabelecimento fundado em 1860 pretendeu renovar a imagem exterior dos portais existentes, propondo uma colagem de elementos usuais nas *devantures*. As modinaturas de granito são revestidas a mármore e o restante em madeira de Riga, demarcando os portais e prolongando-se em arco abatido, libertando um espaço para inserir uma tabuleta comercial. O enquadramento é concretizado com colunas adossadas, capitéis vegetalistas e consolas suportando uma cornija. Foi demolido em 1950.

FACHADA

PLANTA

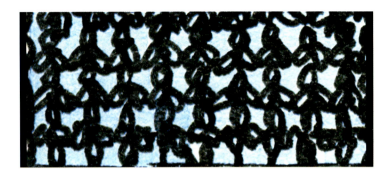

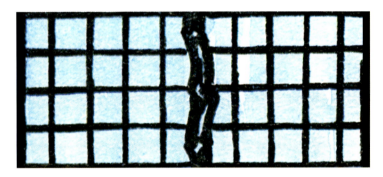

OURIVESARIA-JOALHARIA RAÚL PEREIRA
Rua de 31 de Janeiro, 53

Ano/Autor: Início do século XX ■ 1920 (Alt.) / José J. Carvalho, M.Ob.
O projecto desta surpreendente fachada antecipa os ventos estéticos provocados pela Exposição das Artes Decorativas em Paris. Os pilares e o entablamento estão ordenados por horizontais e verticais que evitam excessos de pormenor, demarcando a loja tripartida e a porta lateral. Nesta porta, a serralharia artística está imbuída de uma intencionalidade gráfica característica de *art déco*, com a parte inferior axadrezada, um prumo central (como um tronco) que liberta as folhagens na bandeira e cachos de folhas pingentes nos pilares. O estabelecimento foi demolido em meados do século XX.

OURIVESARIA-JOALHARIA MARTINS, FILHO & C.ª / actual OURIVESARIA DAS FLORES
Rua das Flores, 149 < Rua Trindade Coelho

Ano/Autor: 1920 / José Coelho de Freitas, M.Ob., Fundição da Victória
A alteração comercial dos pisos térreos contribui para um enriquecimento estético da cidade, que havia crescido na sobriedade da arquitectura novecentista. A visibilidade urbana das esquinas permite soluções arquitectónicas diferenciadas da tipologia comum recorrente. Esta solução eclética é construída num sistema misto de ferro, nas pilastras e na estrutura, e sujeita a uma camuflagem decorativa concretizada em cimento. As padieiras são curvas e o cunhal procura um enobrecimento heráldico. O restante entablamento é percorrido por um friso de métopas, interrompido por um movimento arqueado com volutas vegetalistas. No interior destaca-se a belíssima dinâmica da composição geométrica do pavimento em mármore, prolongada no tranquilo mobiliário e na dignificação ondulante do tecto com iluminação da época. Devia estar classificado como valor arquitectónico.

OURIVESARIA ALIANÇA
Rua das Flores, 201-221 < Rua dos Caldeireiros

Ano/Autor: 1925 / F. Oliveira Ferreira, Arq., Fundição de Massarelos, Fundição do Bolhão

A evolução qualitativa do negócio, fundado no início do século XX por Celestino da Mota Mesquita, é revelada na motivação que amplia o estabelecimento para as parcelas vizinhas, renovando a fachada e o interior em 1925 através de um valioso projecto de nobilitação comercial. A fachada apresenta um eclectismo classizante, ritmando os vários lotes com pilastras que alternam espaçosas montras com zonas de entrada recuadas e iluminadas. O embasamento e o entablamento assumem uma postura horizontalizante, ornamentadas por sequências de festões, grinaldas e pingentes. A esquina é marcada por uma coluna isolada, definindo um pequeno átrio exterior com o recuo da fachada, rematada superiormente por volutas interrompidas por um medalhão com o monograma do estabelecimento. A fachada prevista em mármore foi concretizada em ferro, com algumas alterações, e ampliada onde actualmente se encontra o estabelecimento Moura & Fernandes.

O interior libertava o espaço em dupla-altura, com galerias gradeadas no primeiro andar apoiadas em modilhões, dignificado com ondulações vegetalistas, cornucópias, cartelas, medalhões figurativos e um relógio numa superfície em vidro biselado. O lastimável estado errante em que se encontra diz-nos que a cidade não pode perder um espaço que devia estar classificado e protegido, constituindo o desinteresse público um retrato obscuro da realidade que nos acompanha.

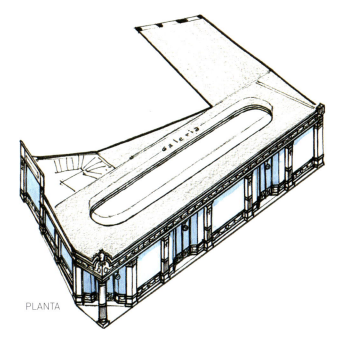

PLANTA

FACHADA

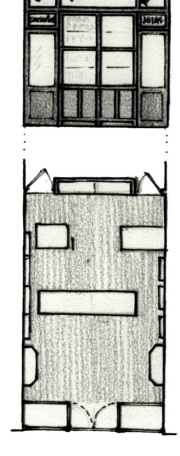

CORTE – INTERIOR

PLANTA

FACHADA

OURIVESARIA-RELOJOARIA VICENTE
Rua de Cedofeita, 67

Ano/Autor: 1932 / Leandro de Moraes, Arq.

Os antecedentes deste estabelecimento estão na oficina de ourivesaria Cardoso & Vicente, Lda., que se encontrava no mesmo arruamento. Lucindo Vicente Alves autonomiza-se depois com esta pequena ourivesaria, inserida num edifício solarengo do século XVIII na estrada velha de Viana, demolindo o portal existente e colocando uma *devanture* metálica.

Esta apresenta o esquema tripartido, inserindo festões nas, estreitas, montras laterais, assentes em bases revestidas a mármore, e letrismos nas bandeiras. A tranquila arrumação interior é iluminada por um decorativo candeeiro no tecto.

FACHADA

FACHADA

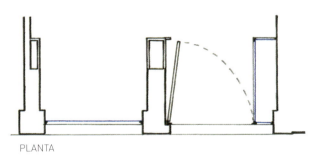

PLANTA

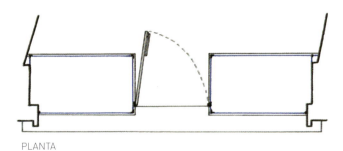

PLANTA

OURIVESARIA-JOALHARIA ÁGUIA D'OURO (DAVID FERREIRA)
Rua das Flores, 283-285

Ano/Autor: Final do século XIX (Fund.) ■ 1943 / Jorge Manuel Viana, Eng.

As parcelas estreitas adaptam-se à funcionalidade específica das ourivesarias, incluindo uma sucessiva ocupação nos andares superiores com zonas de exposição privada que recebiam os clientes com distinção, seguidas pela habitação do proprietário e dos aprendizes, e uma zona oficinal que promovia o controlo e a dedicação na manufactura das preciosidades. O estabelecimento, com origens no século XIX, segue o ritmo da tradição familiar na simbologia do voo planar aquilino. A reforma da fachada em 1943 consiste na alteração das caixilharias e na colocação de grades protectoras, assim como no destaque exterior de uma lanterna suportada por uma pretensa águia de aparência dragonada.

OURIVESARIA SILVEIRA
Praça de Almeida Garrett, 10

Ano/Autor: 1945 / Homero F. Dias, Arq.

A família de José Pinto da Silveira já tinha um estabelecimento de relojoaria na Praça da Liberdade desde o início do século XX. Poucos anos após a sua instalação na praça vizinha, frente à Estação Central, pretendeu modernizar o prospecto geral de forma a melhorar a exposição dos artigos. Numa época de excessos em decorações de estilo, o projecto esconde-se na singular simplicidade moderna que quase ausenta as caixilharias do plano vítreo, apenas sinalizando um convidativo puxador que evidencia a porta central, sujeitas a um emolduramento de mármore com letrismos na parte superior. Foi demolido no último quartel do século XX.

CASA CYPRIANO & C.ª – BERNARDINO D'ALMEIDA & SILVA, LDA. (móveis)

Praça de Carlos Alberto, 39-44

Ano/Autor: 1916 ■ 1930 (Alt. fach.) / Leandro de Moraes

A indústria e o comércio de mobiliário sempre constituíram uma das atividades económicas mais importantes do burgo portuense, que afirmava um pólo comercial especializado desde a zona de Cedofeita até à Rua do Almada. Os antecedentes históricos desta loja estão na antiga Casa Cypriano & C.ª (século XIX) que ocupava todo o edifício com espaços de exposição e oficinas, e se publicitava como santuário de arte e elegância. Em 1916 é constituída uma espaçosa fachada tripartida em cimento fingindo mármore, com ornatos pintados a marfim e ouro, e uma platibanda com volutas enroladas em cada tramo que evolui para um movimento arqueado central com medalhão. As caixilharias de madeira com guardas de metal seguem o vocabulário ecléctico geral. A fachada teve pequenas alterações em 1930 e foi ocupada por uma agência bancária nos anos 80 do século XX.

Mobilias, Estofos e Tapeçarias

Em todos os generos e estylos, ha grande variedade na antiga CASA CYPRIANO.

ECONOMIA E BOM GOSTO

Mobilias para todos os preços. Objectos de electro e crystal, estatuetas de bronze e faianças decorativas para adorno. Vasos, serviços de laboratorio, oleados de meza e soalho. Capachos, pitas e côcos.

Bilhares de qualidade superior

Preços sem competencia

CASA CYPRIANO

Praça de Carlos Alberto, 39 a 44 — PORTO.

FACHADA

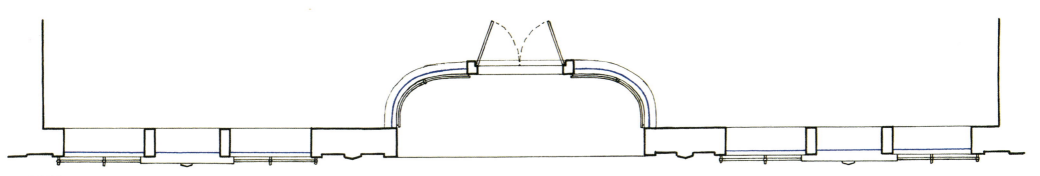
PLANTA

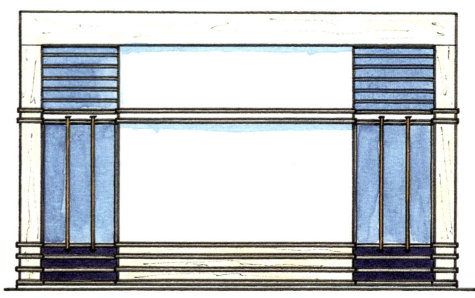

FACHADA

THOMAZ CARDOSO
Rua de Santa Catarina, 217

Ano/Autor: 1932 / Augusto dos Santos Malta, Arq.
Casa centenária com notável percurso de especialização no mobiliário em ferro e aço, que ao longo do tempo espalhou os seus produtos por variadas instalações comerciais, industriais e domésticas. Possuindo um grandioso edifício na Rua de Sá da Bandeira, em 1932 afirma-se com um novo estabelecimento numa rua emblemática do comércio portuense. A fachada desenha com mestria um esquema geometrizante ritmado por linearidades horizontais, que enfatizam o embasamento e demarcam as bandeiras. A moldura em mármore envolve o espaço vítreo da montra central e das portas laterais. Foi totalmente reformulada em 1946 segundo uma linguagem arquitectónica característica da época.

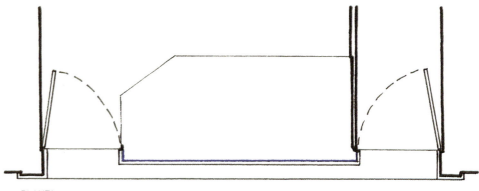

PLANTA

FACHADA

PLANTA

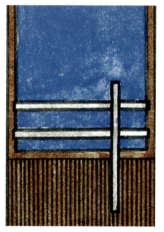 

CASA BENTO
Rua dos Mártires da Liberdade, 154-158

Ano/Autor: 1939 / Leandro de Moraes, Arq.
O arruamento foi conhecido por vários estabelecimentos ligados ao comércio de mobiliário. José Alves Bento instala-se em 1939 recorrendo a um arquitecto que, apesar do seu percurso intensamente ecléctico, elabora um projecto de pausada modernidade.
A superfície em vidro da bandeira é pontuada por letrismos panfletários, impondo na parte inferior uma montra central que se recorta de forma oblíqua para a sombra das portas laterais recuadas.

DEPÓSITO DA FÁBRICA DE PAPÉIS PINTADOS DA FOZ
Rua de 31 de Janeiro, 178-184

Ano/Autor: 1887 (Fund.) ■ 1894 ■ 1906 / João Gomes da S. Guerra, M.Ob.
António Cardoso da Rocha funda em 1887 a fábrica de Carreiros (Foz do Douro), granjeando prestígio com sucessivos prémios em exposições nacionais e internacionais. O estabelecimento da Rua de 31 de Janeiro é ampliado em 1906, unificado na fachada por uma *devanture* metálica com apainelados nas ombreiras, e com uns apoios arte nova a suportar a caixa do entablamento. O interior resplandecia os sentidos na pose tensa dos atlantes, nos papéis de parede que decoravam os tectos com cenas românticas de extraordinária execução, na porta do fundo com vitrais de origem belga e na sonoridade geométrica que os rolos espalhavam no mobiliário. Os meus olhos estão «cegos» desde 2007, pois este mundo interior inexplicavelmente desapareceu na ignorância confrangedora do tempo presente.

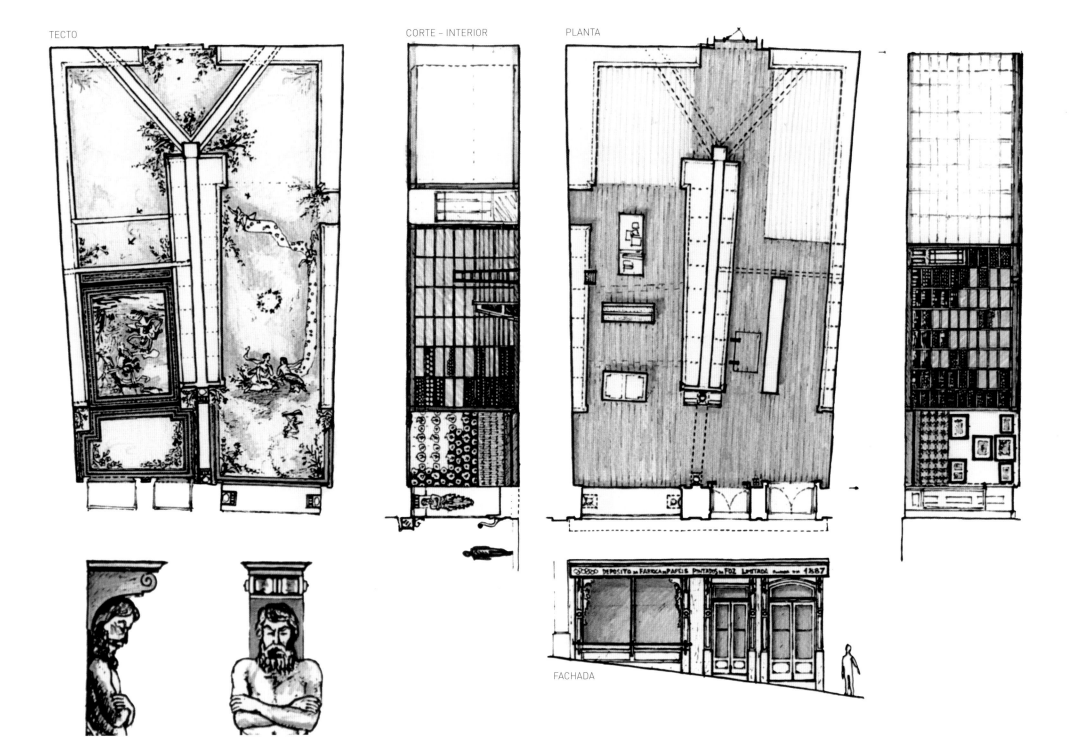

FERNANDES, MATOS & C.ª
Rua das Carmelitas, 110 < Rua da Galeria de Paris, 2-20

Ano/Autor: 1904 / Licínio Guimarães, C.O.P.
Edifício comercial na Rua da Galeria que nunca foi coberta, onde se instalaram os Armazéns das Carmelitas – Fernandes, Matos & Cª. A arquitectura transparece alguma monumentalidade na escala urbana e reserva uma surpresa estrutural no interior, com um amplo espaço dominado por colunas em ferro, de bases vegetalistas, fustes marmoreados, capitéis e decorativas consolas apoiando na estrutura do tecto, que derrama luz de geométricos candeeiros. Passando o mobiliário de parede e o colorido dos tectos expostos, vislumbra-se uma monumental escadaria que nos conduz aos pisos superiores, marcados novamente pela estrutura vertical, menos alta e mais delgada. Sendo comum em Paris, Londres e Nova Iorque, esta tipologia arquitectónica é incomum em Portugal e devia ser protegida.

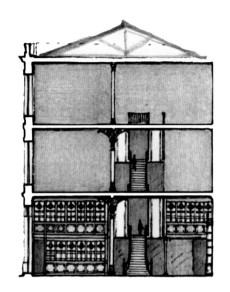
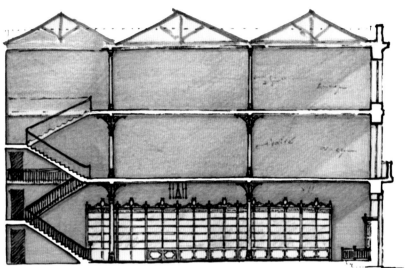
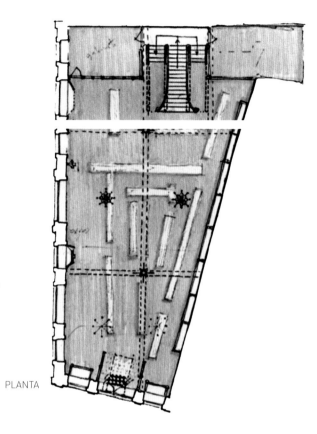

CORTE – INTERIOR

PLANTA

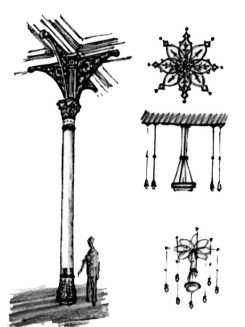

FACHADA

FACHADA

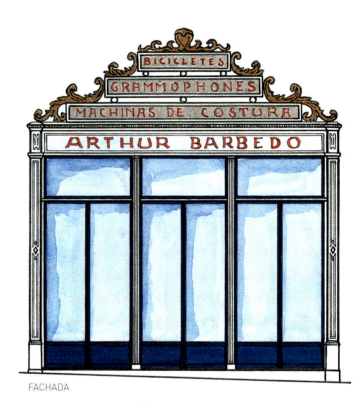

FACHADA

PLANTA

A ILUMINADORA
Rua de Sá da Bandeira, 87-93

Ano/Autor: 1902 / João Gomes da S. Guerra, C.O.P.

A espantosa revolução da luz é um símbolo da cidade moderna, que se ilumina publicamente alterando o ritmo da vida solar e permitindo uma nova consciência do tempo, que se apaga apenas quando somos dominados pela fadiga.
O estabelecimento de Joaquim Gonçalves Fernandez instala três *devantures* em ferro, que acompanham o movimento curvo da fachada, recorrendo a uma linguagem ecléctica com plintos onde assentam colunas, que se prolongam em apoios decorativos da cornija e marcam a porta com um frontão curvo. Foi demolida nos anos 20 para ampliação do café «A Brasileira».

ARTHUR BARBEDO
Rua de Mousinho da Silveira, 312-316

Ano/Autor: 1911 / Joaquim F. Barros, M. F. S. Janeira, M.Ob.

No início do século XIX a imagem urbana transforma-se radicalmente nas zonas comerciais, com a colocação de vigas de ferro a suportar a fachada, eliminando os mainéis e permitindo, assim, a colocação das *devantures* produzidas nas várias Fundições existentes na cidade. O desenho desta fachada segue uma tipologia corrente para ampliar a entrada de luz, com pilastras largas a suportar o entablamento e pilastras estreitas a separar as três portas. O destaque ornamental está nas tabuletas de madeira em escada, publicitando os artigos, decoradas por ondulações que relembram a talha artística. Em meados do século XX foi demolida.

EQUIPAMENTO DA CASA | 55

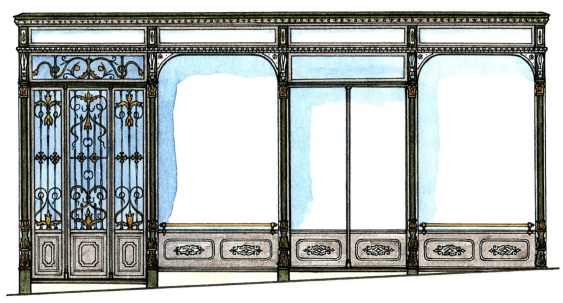

FACHADA

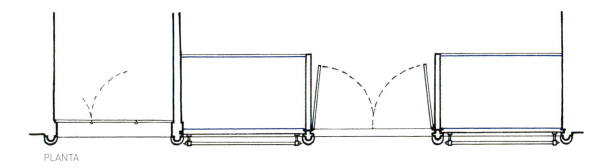

PLANTA

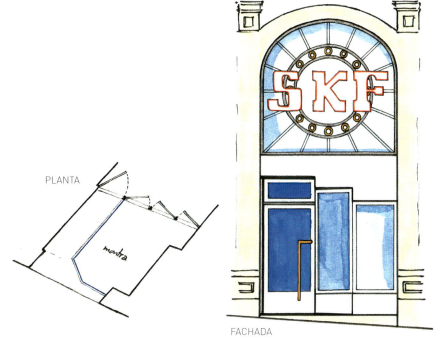

PLANTA

FACHADA

HBC – EMPREZA ELECTRICA
Rua de Sá da Bandeira, 209-215

Ano/Autor: 1915 / Manuel F. S. Janeira, M.Ob., Fundição Victória

Formosa *devanture* construída pela Fundição Victória para a empresa HBC, pouco depois transformada em AEG – Sociedade Lusitana de Electricidade. A ampla fachada é definida por colunas adossadas a separar os tramos da loja tripartida e uma porta lateral com serralharias artísticas que dá acesso aos espaços de exposição nos armazéns. As montras arredondam os cantos superiores e o entablamento era suportado por apoios arte nova. Foi demolido todo o edifício nos anos 40 para a construção do Palácio Atlântico.

SKF, LDA.
Avenida dos Aliados, 152

Ano/Autor: 1931 / José Coelho de Freitas, C.C.

Abreviatura-símbolo de uma das maiores empresas suecas especializada no fabrico de rolamentos, de reputação mundial. A empresa instala-se na principal Avenida-Praça da Cidade com um projecto moderno, que afirma um grafismo vigoroso na sobreloja e uma escalonada e cuidada definição da montra, que ganha exposição pelo recuo da porta de entrada. Foi demolida nos anos 70 do século XX.

FACHADA

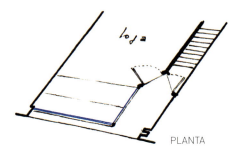

PLANTA

FACHADA

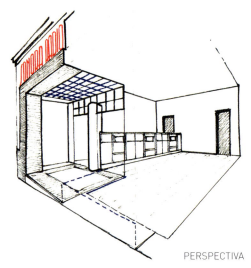

PERSPECTIVA

RÁDIO PORTO
Rua dos Clérigos, 64-68

Ano/Autor: 1933 / Júlio J. de Brito, Arq.
Projecto do primeiro modernismo, com faixas horizontais no embasamento e uma demarcação com letrismos na bandeira da montra. O sombrio vazado lateral evidencia a zona da entrada recuada, com duas portas encostadas a um pilar de marcação. Em 1946 foi totalmente alterada e em 1957 anunciava a novidade do fenómeno televisivo, mudando a designação comercial para RTP.

SONORA RÁDIO
Rua de Sá da Bandeira, 249

Ano/Autor: 1936 / Fernando Cardoso Lima, Eng. (T.R.)
Projecto de relevante expressão geométrica, segmentando a dupla porta da montra quadrada com faixas envolventes desencontradas e revestidas de vidrinhos coloridos. O vestíbulo é marcado por uma coluna central metálica que suporta um tecto envidraçado, e os letrismos destacam néons no céu nocturno. O estabelecimento infelizmente não foi construído, talvez sentindo o cheiro da guerra europeia anunciada.

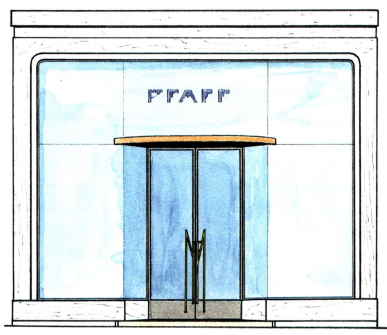
FACHADA

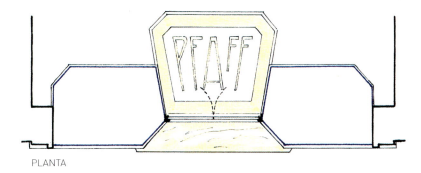
PLANTA

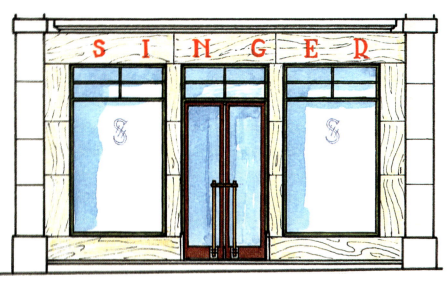
FACHADA

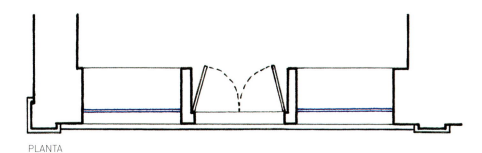
PLANTA

PFAFF (MOURA & FORTES, LDA.)
Rua Fernandes Tomáz, 828

Ano/Autor: 1937 / Artur Almeida Júnior, Arq.
O autor do projecto cumpre um desígnio na procura incessante da simplicidade. O impulso da contenção é concretizado pela moldura em mármore envolvendo uma opalina montra, que se interrompe na entrada central recuada. O desenho dissolve as caixilharias e a padieira metálica ligeiramente arqueada e afirma-se a sigla dissimulada no puxador, no vidro cinzelado e na convidativa soleira.

SINGER
Rua de Cedofeita, 84 < Travessa de Cedofeita

Ano/Autor: 1944 / Manuel Sobral, M.Ob.
A Rua de Cedofeita era uma das artérias de maior pujança comercial da cidade histórica, revelando-se um local estratégico para reforçar o prestígio das marcas internacionais. Nesta caso, a Singer abre uma sucursal com um projecto sereno, que procura uma integração tranquila com o edifício preexistente, mantendo as pilastras e inserindo três vãos com porta ao centro. A fachada, alterada no último quartel do século XX, era revestida a mármore, evidenciando os letrismos da empresa na parte superior e a sigla nas montras.

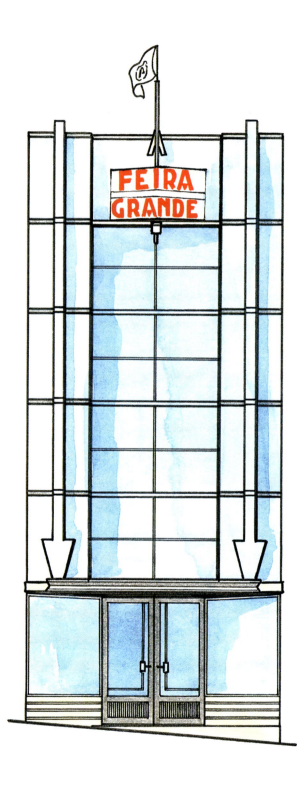

RICON PERES
Rua de 31 de Janeiro, 184-A

Ano/Autor: 1934 / Januário Godinho, Arq.

Neste local esteve instalado até 1909 um balneário muito frequentado, posteriormente transformado num animado recinto de diversões nocturnas, a que se acedia por uma estreita passagem até ao interior, que se alargava num amplo espaço. O projecto de 1934 reformula a passagem e cria uma fachada em vidro de moderna influência europeia, com a intenção de aí se instalar um armazém de lanifícios (Feira Grande), mas logo ocupado pelo estabelecimento de máquinas e ferramentas de Ricon Peres. Personagem de intrigante paixão futurista, havia ocupado um verdadeiro edifício arte nova no início do século na Rua de Cândido dos Reis, e nos anos 30 é motivado pela mudança estética e ocupa um extraordinário edifício modernista. As setas a iluminar a fachada apontam para as montras laterais e anunciam a entrada recuada. O percurso da antiga passagem é acompanhado por mobiliário geométrico e assume no pavimento um símbolo gigante da hélice de um avião. No salão, entre a diversa maquinaria destaca-se um locomóvel a relembrar o início da industrialização, reservando no íntimo escritório o entusiasmo pela velocidade de aviões e automóveis. Nas últimas décadas, parte da fachada foi desmontada e o restante foi-se arruinando.
No contexto português, um projecto desta categoria arquitectónica é merecedor de uma reconstrução criteriosa, qual homenagem aos homens do primeiro modernismo.

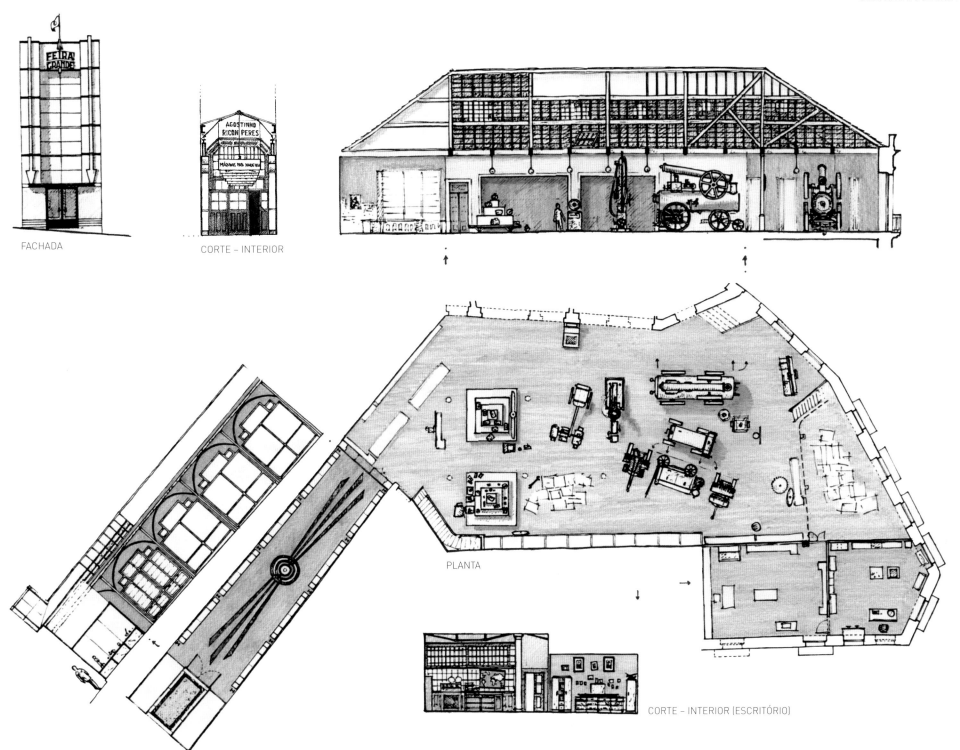

FACHADA

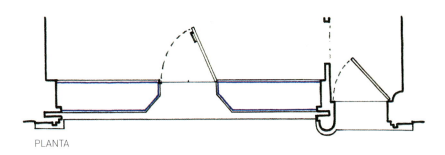

PLANTA

ROBERTO CUDELL, SARL
Rua de Passos Manuel, 28

Ano/Autor: 1934 / Jorge M. Viana, Eng.
Fachada de um escritório técnico de maquinaria industrial com uma moldura vincada a enquadrar um espaço vítreo de bandeira e loja tripartida, reforçado na horizontalidade por uma pala vincada onde apoiam letrismos *art déco*, e com uma sugestiva assimetria provocada pela inclusão da porta lateral, junto de um pilar adossado. A loja foi demolida nos anos 60 e ocupada por outro estabelecimento.

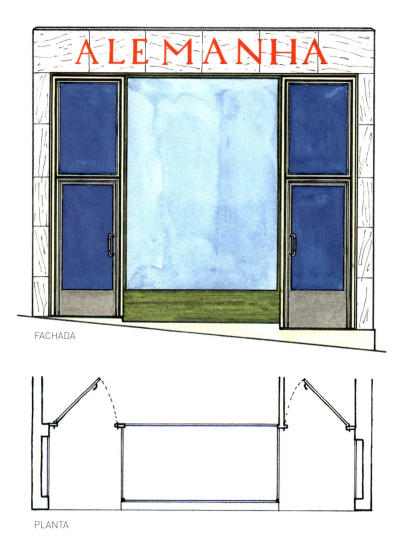

FACHADA

PLANTA

CAMINHOS-DE-FERRO ALEMÃES
Rua de 31 de Janeiro, 204-208

Ano/Autor: 1942 / Avelino dos Santos, Augusto S. Laundes, C.C.
O estabelecimento parece esconder-se no idealismo dos prazeres turísticos como camuflagem para as infra-estruturas técnicas necessárias na logística das minas de volfrâmio nacionais, metal extremamente cobiçado por ambos os beligerantes na terrífica Segunda Guerra Mundial. Dois anos após o termo do conflito, já estava aqui instalado o negócio de J. Camisão Júnior, Lda. A loja, demolida em 1980, revelava um clássico geometrismo simétrico, de cuidada proporção, portas laterais com bandeiras e uma altiva montra, assim como uma atenção metálica em caixilharias, puxadores e letrismos.

FACHADA

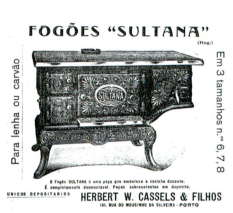

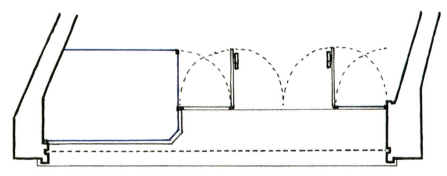

PLANTA

CASA CASSELS
Rua de Mousinho da Silveira, 185-189

Ano/Autor: 1884 (Fund.) ■ 1941 / Homero F. Dias

O incansável espírito de iniciativa de Herbert W. Cassels deu-lhe fama como pioneiro na introdução de algumas novidades técnicas na cidade, como os fogões circulares para cozinha, a louça esmaltada, o gramofone, a bicicleta, assim como os tubos de ferro forjado para canalizações. Também é relevante o seu contributo para obras públicas e acções filantrópicas ligadas ao ensino e à protecção social das classes trabalhadoras. O projecto de 1941 corresponde ao alargamento do estabelecimento original (n.º 191) para o lote vizinho. A fachada define uma moldura em mármore envolvendo uma pequena montra e uma larga porta. Duas faixas horizontais limitam a bandeira de vidro branco moldado, onde se apoiam os letrismos em tubo de ferro. Foi demolida no início do século XXI.

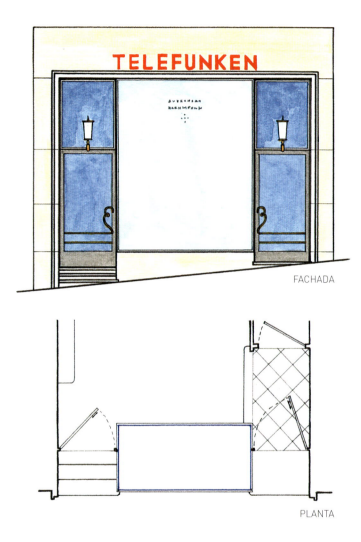

FACHADA
PLANTA

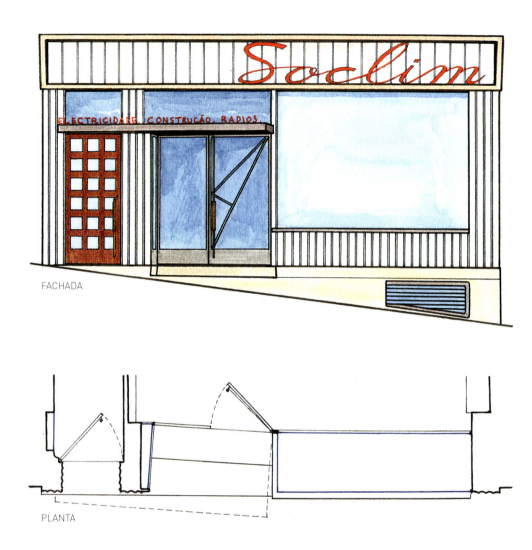

FACHADA
PLANTA

TELEFUNKEN – AEG LUSITANA DE ELECTRICIDADE
Rua de 31 de Janeiro, 147-151

Ano/Autor: 1944 / Aucíndio F. S., Oldemiro C., F. Tudela, F. Barbosa, Arq.
O modelo arquitectónico do estabelecimento dos caminhos-de-ferro alemães, localizado no mesmo arruamento e construído em 1942, parece ter sido aqui seguido na totalidade, apenas introduzidas pequenas alterações nas caixilharias, nos letrismos e na colocação de candeeiros exteriores nas bandeiras das portas. Aucíndio F. Santos orienta e suaviza a linguagem de uma nova geração de arquitectos que se irá libertar na onda do segundo modernismo arquitectónico nos anos 50 do século XX. O estabelecimento foi alterado e posteriormente demolido.

SOCLIM (SOCIEDADE OCIDENTAL DE COMÉRCIO, LDA.)
Travessa de Sá da Bandeira, 20

Ano/Autor: 1948 / A. Matos Veloso, Eduardo R. Matos, Arq.
A atitude permissiva intencional do poder municipal e uma cultura informada da burguesia comercial contribuiu para uma menor visibilidade da censura estética na cidade, no que se convencionou chamar «estilo português» e no seu sucedâneo «português suave». Tomás Martins Guimarães recorre a arquitectos da nova geração para desenhar um espaço comercial que afirma valores de liberdade criativa e estética . A fachada é revestida por lamelas de material cerâmico e por mármore, destacando uma platibanda inclinada com tubos de néon e letrismos de escrita livre. Uma oblíqua pala metálica sombreia as entradas diferenciadas, contrapondo o geometrismo estático da porta lateral à tensão dinâmica da porta comercial que acompanha uma ampla montra. A fachada foi-se arruinando até à ruptura total no final do século XX .

FACHADA

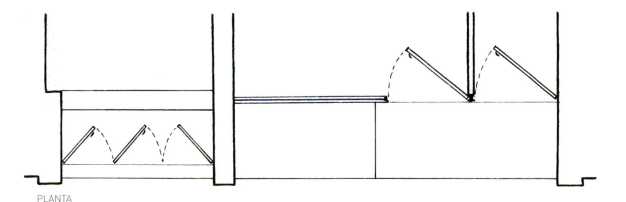
PLANTA

ELECTRÓNIA, LDA.
Rua de 31 de Janeiro, 73-75

Ano/Autor: 1946 / Agostinho Ricca, Viana de Lima, Arq.
O projecto corresponde a uma alteração da fachada modernista desenhada por J. F. Peneda nos anos 30, abrangendo a estreita barbearia vizinha preexistente. O envolvimento em granito brunido apresenta letrismos vigorosos na parte superior, englobando no plano recuado da montra da Electrónia uma porta gémea de acesso aos andares. Apesar do prestígio desta marca, fundada em 1932, o estabelecimento desapareceu, permanecendo o pequeno espaço da barbearia.

FACHADA

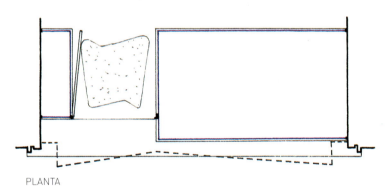

PLANTA

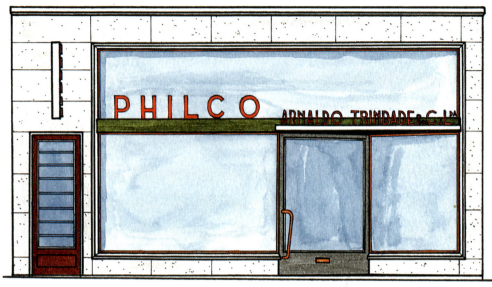

FACHADA

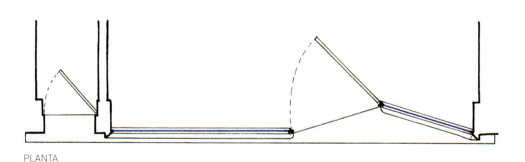

PLANTA

RÁDIO TRIUMFO, LDA.
Rua de Santa Catarina, 358

Ano/Autor: 1954 / R. Gil da Costa, Arq.
Nas estreitas e compridas parcelas da cidade do Porto, a alteração sucessiva dos pisos térreos é uma consequência das necessidades tipológicas de cada actividade comercial. O factor lumínico e uma diferente lógica expositiva obrigou a alterar a fachada tripartida preexistente, substituindo-a por uma pequena vitrine junto da porta (com uma bandeira metálica perfurada) e uma montra larga e rebaixada. Uma pala pouco saliente vinca um ténue movimento angular. Foi totalmente alterada nos anos 80.

PHILCO – ARNALDO TRINDADE & C.ª, LDA.
Rua de Santa Catarina, 117

Ano/Autor: 1954 / António J. Teixeira Lopes, Arq.
O projecto responde ao desejo do proprietário em modernizar a loja, considerada modesta e antiquada. O desenho apresenta uma moldura em granito polido que envolve a porta lateral isolada e uma cercadura saliente a definir a loja. Esta é marcada horizontalmente por uma verga em betão com letras metálicas iluminadas a néon e uma pala em cobre na zona de entrada, com porta e montra em posição oblíqua. A restante superfície em vidro afirma uma montra larga e uma bandeira superior contínua. Desapareceu na ultima década do século XX.

FACHADA

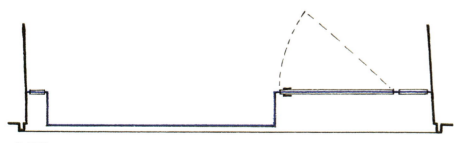
PLANTA

TEIXEIRA E BRITO, LDA. (MELODIA)
Rua de 31 de Janeiro, 37

Ano/Autor: 1954 / Rui Pimentel, Arq.

Após a demolição da Ourivesaria Strech, instala-se neste local esta magnifica loja de um autor merecedor de reconhecimento entre os pares. A fachada é emoldurada por um perfilado de mármore, que ganha prespectiva através do seu recuo, com azulejos coloridos nas ilhargas. A superfície de vidro adquire ritmo nas aberturas pivotantes na bandeira, suportada na estrutura horizontal com letrismos, e no avanço cinético da montra inclinada. A entrada oferece a soleira e insinua geometrias na porta. Apesar de ter sido demolida, constitui um marco na evolução da arquitectura comercial portuense.

FACHADA

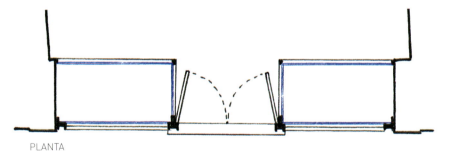

PLANTA

FACHADA

PLANTA

BRAGA & PILE
Rua de Sá da Bandeira, 237-239

Ano/Autor: 1903 / João Gomes Silva Guerra, M.Ob. (T.R.)
Devanture metálica com um esquema de porta central e montras laterais assentes em bases azulejadas. A caixilharia destaca linearidades ondulantes numa simetria arte nova e alguns registos vegetalistas. O entablamento encurvado publicita letrismos e recebe uma grade de protecção. A fachada foi modernizada em 1955. Posteriormente foi demolido todo o edifício, aquando da ampliação do Palácio Atlântico em 1974.

COOPERATIVA «O PROBLEMA DA HABITAÇÃO» / actual MARQUES RIBEIRO, LDA.
Rua do Almada, 325-327

Ano/Autor: 1939 / João Queiroz, Arq.
A resolução das carências habitacionais e de salubridade urbana de uma cidade industrial que na viragem do século XIX cresceu de forma descontrolada, vendo aparecer uma miríade de bairros populares designados localmente por «ilhas», é um dos motivos para o aparecimento das Cooperativas de Habitação. Fundada em 1926 sob o lema «Um lar para cada um», a Cooperativa «O problema da habitação» desenvolveu uma acção meritória ao longo de várias décadas. Em 1939 cria este estabelecimento para um atendimento de proximidade, com uma simplicidade moderna definida por uma moldura em mármore envolvendo uma montra central e duas portas laterais com puxadores encurvados. Contudo, pouco depois, esta loja seria ocupada, até à actualidade, pelo estabelecimento de ferragens Marques & Ribeiro, Lda.

FACHADA

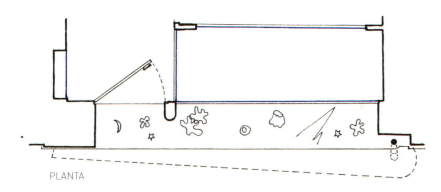
PLANTA

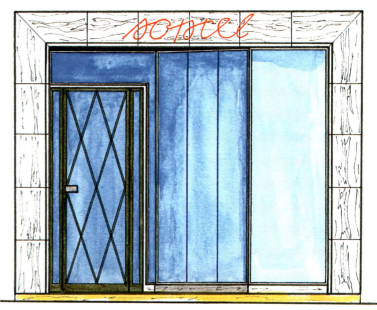
FACHADA

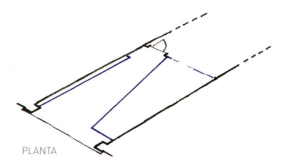
PLANTA

PINTE V. PRÓPRIO (FERNANDO ALVES, LDA.)
Rua de Santa Catarina, 616

Ano/Autor: 1948 / Sequeira Braga, Jerónimo R., Arq.
Fachada de controlada assimetria com uma porta lateral e uma montra larga que pousam na soleira de marmorite povoada de grafismos. O emolduramento opõe a vitrolite ao mármore escuro que se prolonga na pala oblíqua apoiada num pontalete revestido a alumínio fosco. A caixilharia e os letrismos pequenos são metálicos, sendo o néon usado para os de maior dimensão. Perdeu os sinais desta identidade personalizada em 1958.

SOPREL – SOCIEDADE DE OBRAS E PROJECTOS DE ELECTRICIDADE, SARL
Rua de Santa Catarina, 470

Ano/Autor: 1950 / Rogério Azevedo, Arq.
Rogério de Azevedo é um dos melhores arquitectos do primeiro modernismo (anos 30), mas uma saúde instável diminui o seu protagonismo no final dos anos 40. O relançamento da carreira é feito numa altura em que os ideais da segunda geração moderna germinam, nunca conseguindo alcançar o prestígio e a influência que tinha anteriormente. A pequena loja demarca um pórtico em mármore envolvendo uma estreita montra que se alarga até à porta lateral muito recuada, conseguindo assim um amplo espaço de exposição que se prolonga na ilusão óptica do espelho reflector. Esta síntese intencional foi alterada, pouco depois, e demolida em 1962.

FACHADA

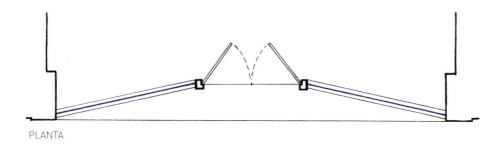

PLANTA

ARNALDO LIMA & IRMÃO / actual MÁRIO DE ALMEIDA, LDA. – ARTIGOS DE CARROCERIA
Rua da Fábrica, 15-19

Ano/Autor: 1919
Estabelecimento de um surpreendente modernismo numa época de excessos decorativos alimentados por revivalismos, eclectismos ou nos grafismos arte nova. A fachada em cimento apresenta uma moldura exterior com volutas e pingentes, nos extremos, e um encontro de volutas central com um detalhe decorativo. O plano do vidro recua em ligeiro ângulo até às finas pilastras que individualizam a porta central. Este projecto singular foi construído com algumas alterações, parecendo ser merecedor de uma classificação arquitectónica que o proteja.

A CONSTRUCTORA — *232, Rua Sá da Bandeira—Porto*—Telephone, 4518
Banheiras, Louças Sanitarias e Artigos de Pichelaria, Tubos de Ferro, Chumbo, Grés e Accessorios. Azulejos e Mosaicos. Installações de Electricidade, Hygienicas e Sanitarias. Serviço de Crystal, Porcelana e Faiança, etc., etc.

FACHADA

A CONSTRUCTORA (ANTÓNIO AUGUSTO, SUC.S, LDA.)
Rua de Sá da Bandeira, 232 < Travessa de Sá da Bandeira

Ano/Autor: 1928 / F. Oliveira Ferreira, Arq.
A elegância dos projectos de F. Oliveira Ferreira constituem sempre uma valorização arquitectónica e estética do ambiente urbano. O estabelecimento configura um eclectismo classizante, com uma coluna adossada na marcação do cunhal, um entablamento contínuo a percorrer as duas amplas montras com gradeamentos arte nova e a definição emoldurada do pórtico da entrada. A modernização desta fachada em 1957 teve um significado igual ao de uma demolição.

CORTE – INTERIOR
PLANTA

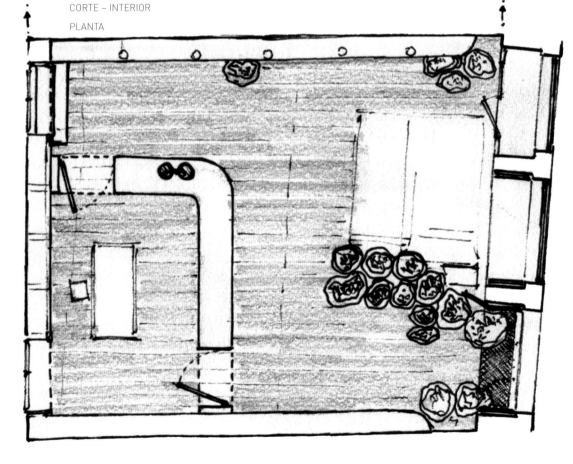

MANUEL VIEIRA REBELLO & SUCESSORES, LDA. / Papelaria em 1895
Largo de S. Domingos, 83

Ano/Autor: 1882 (Fund.)
Por três portas abertas se entrava neste estabelecimento de cutelarias e ferragens que desapareceu na última década do século XX. No interior, a sacaria induzia percursos ou encostava na parede, por baixo do móvel com prateleiras. Estas mostravam a dinâmica arrumação de tachos e cutelarias penduradas, sob o olhar do santo protector.

INTERIOR

FACHADA

SEBASTIÃO BRAZ, LDA.
Rua de Mousinho da Silveira, 344-346

Ano/Autor: 1893 (Fund.)

Estabelecimento de ferragens fundado em 1893 por Sebastião Maria Braz e José Ribeiro de Sousa, ocupando o espaço de uma loja de idêntico negócio pertencente a Alexandre Lopes Martins. As tabuletas publicitárias anunciavam a fachada da loja, que apresentava uma ampla entrada ladeada por duas portas arqueadas transformadas em montras. Apainelados metálicos, produzidos em série pelas fundições, enquadravam a zona de entrada e da sobreloja. O interior respirava a profusão de artigos expostos, lembrando os ritmos cenográficos de um qualquer bazar. A loja viria a encerrar poucos anos após a comemoração do centenário da sua actividade.

CASA GRANADO
Rua de Cedofeita, 356-360

Ano/Autor: Final do século XIX, início do século XX
O estabelecimento nunca alterou os vãos da fachada do edifício do século XIX. A modernização apenas aconteceu na placa publicitária dos anos 50-60 do século XX. No interior é visível a união das duas parcelas com os três arcos revestidos de prateleiras em escada. Os objectos pendurados no tecto e a variedade de ferramentas expostas em caixas individuais são uma das principais características de um ambiente que relembra um passado longínquo.

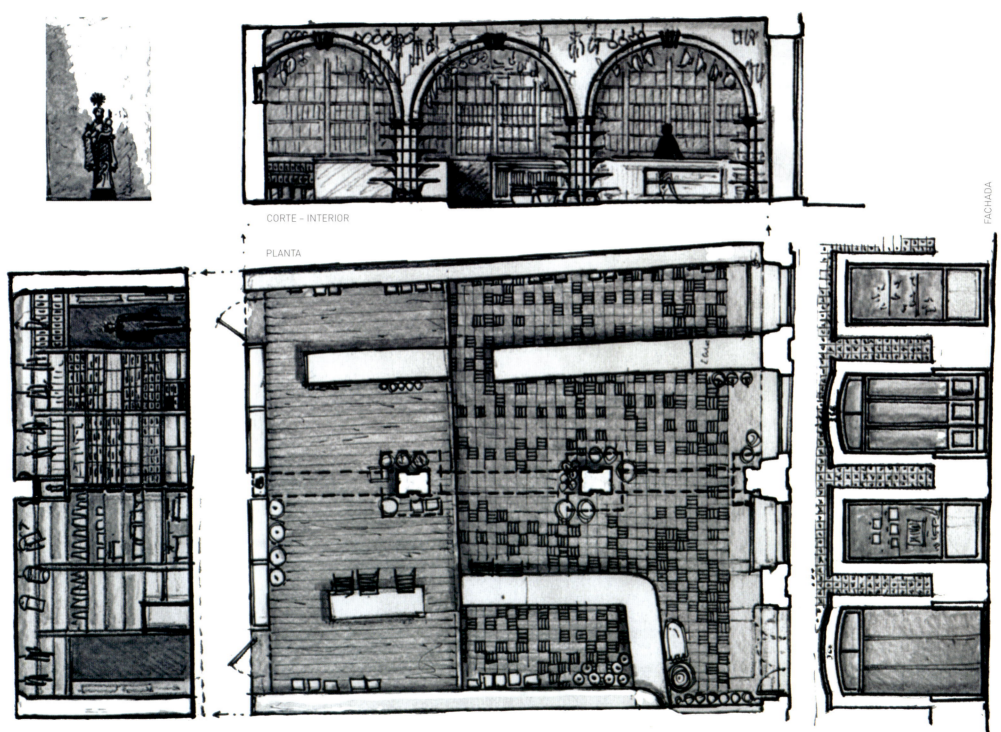

CORTE – INTERIOR

PLANTA

FACHADA

CORTE – INTERIOR

PLANTA

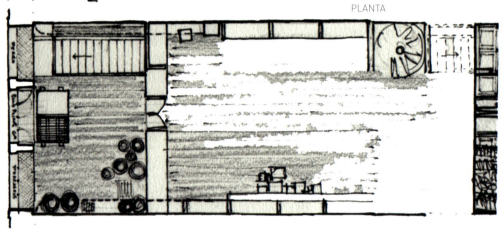

BENTO PEIXOTO & HERDEIROS
Rua de Mousinho da Silveira, 79-83

Ano/Autor: 1926 (Fund.)
Armazém de ferragens fundado em 1926 que encerrou na última década do século XX. As expressivas soleiras em ferro apresentavam o pequeno espaço de atendimento, com ferramentas, foices e rolos de arame, e um amplo armazém com um comunicador para os andares superiores. Uma escada de serviço e um alçapão no pavimento assinalam o espaço de armazenamento na cave.

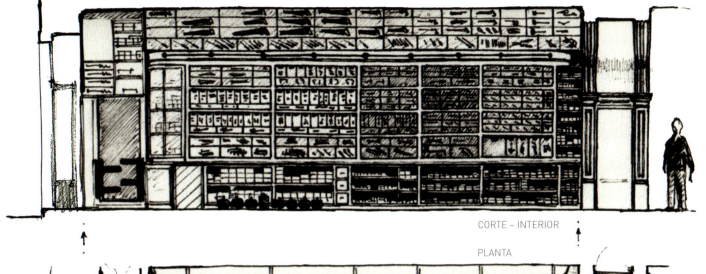

CORTE – INTERIOR

PLANTA

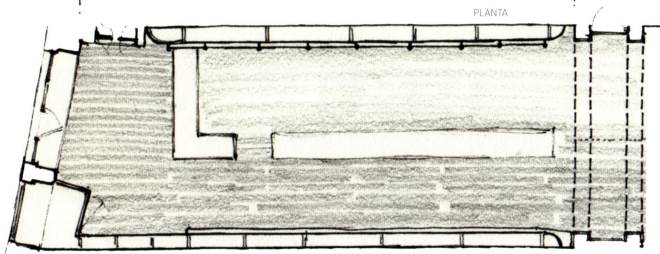
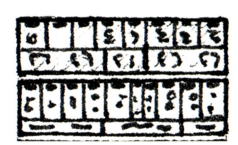

FERRAGENS COSTA MANO / actual FERMOURA
Largo de S. Domingos, 40

Ano/Autor: Início do século XX ■ 1934

Os antecedentes deste estabelecimento são do século XIX, numa sucessão de empresas interfamiliares, mudando várias vezes de nome e de localização. O ambiente interior é pontilhado por ferramentas nos armários que revestem as paredes, e um balcão corrido enquadrado por um arco canopial de belo efeito faz um caloroso atendimento.

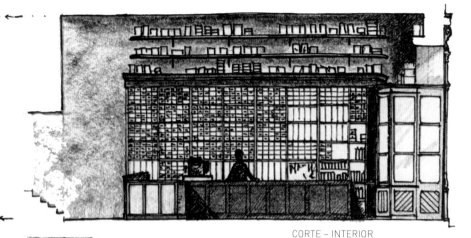

CORTE – INTERIOR

FACHADA

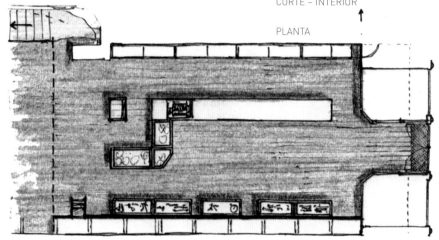

PLANTA

EDUARDO GOUVEIA & C.ª, LDA.
Rua de Sá da Bandeira, 411

Ano/Autor: 1906 ■ 1922

A *devanture* em ferro é de 1906 e pertenceu à mercearia fina «A Flor de Pekin» especializada em chá, café e chocolate. Em 1922 Eduardo Gouveia instala a sua loja de ferragens, mantendo a fachada tripartida com mascarões no embasamento, colunas adossadas, capitéis e modilhões, a suportar a cornija com elementos vegetalistas. O interior respirava o ambiente tradicional desta especialização comercial e destacava uma máquina registadora no balcão com o dedo apontando «O freguêz verá no mostrador a importância da sua compra». O negócio cedeu o lugar a um estabelecimento de roupas, recuperando parte da *devanture* metálica.

FACHADA

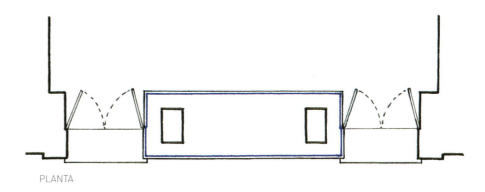

PLANTA

ANTERO NEVES – FERRAGENS
Rua de Sá da Bandeira, 146

Ano/Autor: 1935 / Manuel Marques, Arq.

Regressado do Brasil, onde teve um percurso notável em actividades desportivas e na aprendizagem do negócio na empresa de um familiar, Antero Neves estabelece pouco depois a sua firma de ferragens e cutelarias, também especializada em artigos de caça e pesca. O desenho mostra o primeiro projecto, que logo seria alterado num esquema tripartido. O projecto é definido por um dinâmico jogo de horizontais e verticais, com pilastras nos extremos e no centro suportando as faixas com letrismos, e camuflados na montra destacada. As portas laterais simétricas terão sido o motivo da alteração do projecto, que passa a isolar a porta de serviço do prédio. O estabelecimento foi alterado em 1950 para aí se instalar a firma de Constantino Casais.

DROGARIA MOURA
Largo de S. Domingos, 99-102

Ano/Autor: 1851 (Fund.) ■ 1941 ■ 1968 / Mário C. Barbosa F., Arq.

Prestigiada firma fundada por António da Fonseca Moura, instalada numa zona de forte concorrência neste tipo de estabelecimentos. A fachada foi reformada em 1945 num esquema tripartido, absorvendo posteriormente a vizinha Drogaria Costa instalada no número 102, e novamente reformulada em 1964, unificando o prospecto da fachada, sempre pelo mesmo arquitecto. O interior destaca no tecto pinturas do fundador e um octógono a emoldurar uma cena comercial de ressonância mourisca, atribuída ao pintor Columbano. Outra pintura foi deslocada para o primeiro andar, e mostra uma esvoaçante musa a segurar uma serpente que procura um almofariz bolboso.

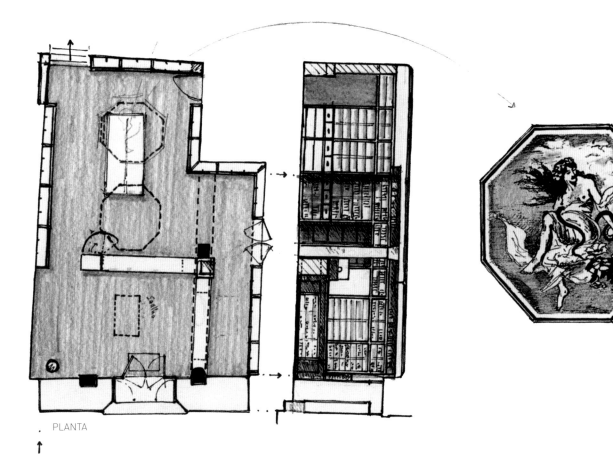

PLANTA

FACHADA

NOVA DROGARIA MEDICINAL (SANTOS & SANTOS)
Rua das Flores, 32-36

Ano/Autor: 1886 (Fund.) ■ 1900 / Manuel F. Ferreira, M.Ob. (T.R.)
A fachada do edifício do século XVI-XVII foi alterada em 1900, com dois pórticos arqueados em granito e caixilharias geométricas. Pouco depois, é dignificada com azulejos pintados por Silvestre Silvestri. O estabelecimento foi ocupado pela Drogaria Costa e encerrou há poucos anos, ocultando no seu interior um precioso e decorativo tecto pintado com três rosáceas gigantes separadas por faixas enquadrando paisagens bucólicas, conjuntos vegetalistas e florais e uns quadradinhos com simbólicos atributos profissionais. Nestes tempos de regeneração de alguns edifícios do centro histórico, será impensável que o «génio» camuflado de ignorância não consubstancie a recuperação dos elementos caracterizadores deste espaço merecedor de reconhecimento público.

EQUIPAMENTO DA CASA | 81

FACHADA

TECTO

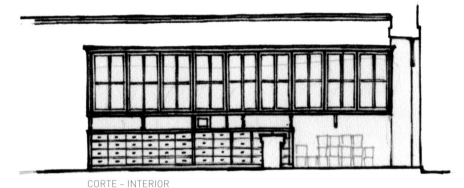
CORTE – INTERIOR
PLANTA

FACHADA
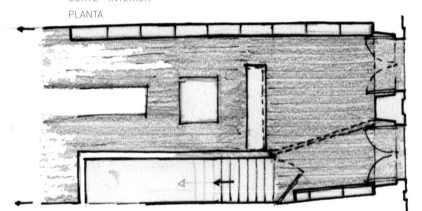

DROGARIA ALVOR (CARVALHO RIBEIRO & C.ª, LDA.)
Rua de Cimo de Vila, 9-11

Ano/Autor: Início do século XX

Este estabelecimento ocupa o lugar onde, na viragem do século, já se encontrava uma outra drogaria. Tinha duas portas abertas para o interior, sendo uma delas também de acesso aos andares, situação que justificava a grade metálica que conferia autonomia aos espaços. A placa publicitária com os raios da alvorada havia sido deslocada da frontaria e estava próxima de um gancho metálico no tecto com correntes de ferro, que servia o transporte de artigos pesados para um alçapão aberto no pavimento. Desapareceu no final do século XX.

EQUIPAMENTO DA CASA | 83

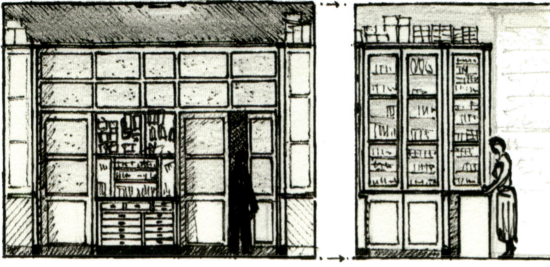
CORTE – INTERIOR

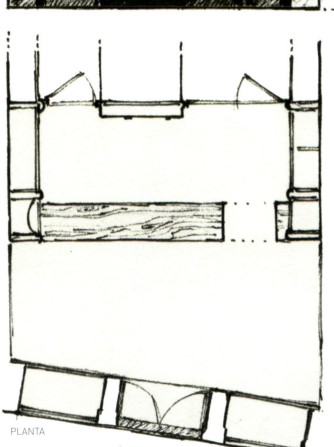
PLANTA

DROGARIA COSTA, ALVES & C.ª, LDA.
Largo de S. Domingos, 29-30

Ano/Autor: Início do século XX
As letras douradas sob o fundo negro da tabuleta afirmam a fachada do pequeno espaço comercial. O interior recebe com a simplicidade de um balcão com tampa, e o envidraçado de portas dissimuladas deixa entrever o prolongamento dos móveis de parede no espaço do armazém.

84 | EQUIPAMENTO DA CASA

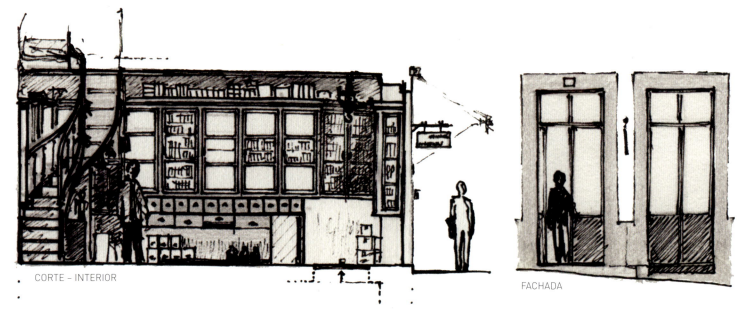
CORTE – INTERIOR

FACHADA

PLANTA

DROGARIA LOUZADA
Largo de S. Domingos, 104

Ano/Autor: 1907
A placa publicitária pendular prenuncia o olhar do transeunte para o estabelecimento. O espaço interior mantém o espírito original no revestimento das paredes com móveis envidraçados na parte superior das prateleiras e sequências de gavetas quadradas na parte inferior. O balcão define o pequeno espaço de atendimento, vislumbrando-se a escada encurvada aproveitada para pendurar conjuntos de escovas.

FACHADA

PLANTA

DROGARIA CASTILHO / actual PERFUMARIA CASTILHO
Rua de Sá da Bandeira, 80

Ano/Autor: 1938 / Januário Godinho, Arq., Sociedade de Eng. OPCA
Os antecedentes desta firma do início do século XX estão na Rua da Bainharia, passando posteriormente para a Rua das Flores e em 1938 para a Rua de Sá da Bandeira, com um estabelecimento renovado. Este apresentava uma moldura boleada em mármore a enquadrar uma ampla superfície de vidro com um pórtico central inserido. As padieiras destacavam letrismos e os puxadores das portas eram entendidos como objectos decorativos. Foi completamente alterado nas últimas décadas, mantendo vestígios do projecto original na escada interior.

CORTE · FACHADA

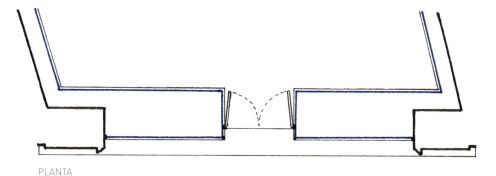

PLANTA

DROGARIA DA POCINHA (J. A. DE OLIVEIRA, SUCC.)

Rua de Santo Ildefonso, 85-93

Ano/Autor: 1946 / Luiz C. F. Magalhães, Eng. (T.R.)

Esta drogaria já existia no início do século XX. Em 1946 é construído o novo edifício comercial, com estabelecimento no piso térreo e uma secção autónoma de embalagens no primeiro andar. A fachada demarcava-se da escala urbana do lugar, recorrendo a um pórtico colossal com uma cercadura a envolver a superfície vítrea. Uma verga de betão com letrismos dividia a loja tripartida do piso superior, com caixilharia quadriculada em ferro. Foi alterado em 1980 e infelizmente demolido em 1987.

FACHADA

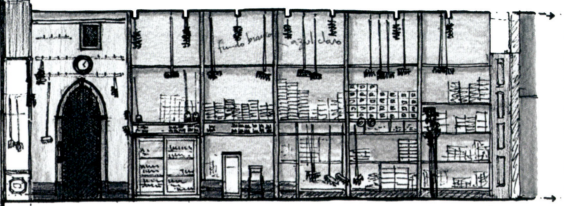
CORTE – INTERIOR

PLANTA
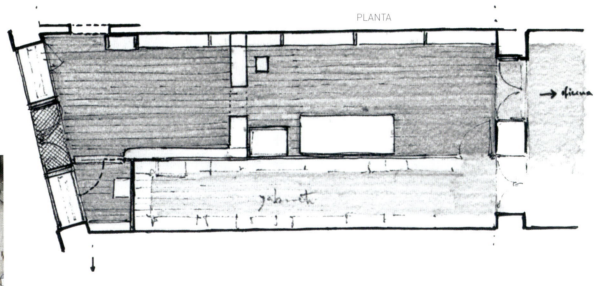

ESCOVARIA DE ERMEZINDE
Rua de Mousinho da Silveira, 173

Ano/Autor: 1904 (Fund.) ■ 1930 / Fundição Victória
Fundada em 1904, mudou para este local em 1930, mantendo a fachada tripartida e os apainelados metálicos nas ombreiras--pilastras. O ambiente interior era singular, pelo estranho efeito de uma chuva musical de vassouras e escovas penduradas no tecto. Encerrou na viragem do século.

FACHADA
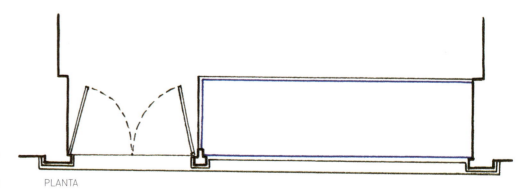
PLANTA

BAZAR CENTRAL (AUGUSTO BASTO & IRMÃO)
Rua dos Clérigos, 76-78

Ano/Autor: 1909 / António F. M. Ramalhão, M.Ob., Fundição de Francos
Devanture em ferro, construída para um estabelecimento de louças, cristais e candeeiros, que altera o piso térreo de um edifício nobre setecentista com apontamentos rocaille nas padieiras. A fachada apresenta uma porta lateral e uma espaçosa montra de cantos superiores arredondados, separadas por pilastras molduradas de capitéis jónicos a suportar um entablamento corrido. O desenho simples, mas requintado, é merecedor de protecção arquitectónica e patrimonial.

EQUIPAMENTO DA CASA | 89

FACHADA

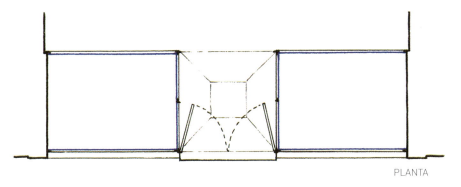

PLANTA

FACHADA

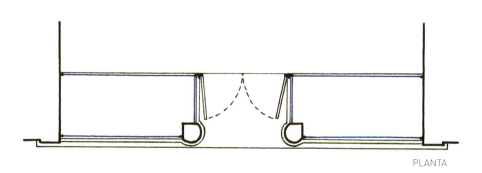

PLANTA

CASA DO PEIXINHO (M. M. SANTOS ADRIÃO)
Rua da Assunção, 20-21

Ano/Autor: 1932 / João Queiroz, Arq.
O estabelecimento já existia no início do século XX, com três portas no piso térreo, que serão demolidas para concretizar o processo de modernização desejado. A fachada é emoldurada em mármore envolvendo as montras laterais e uma porta central, com apontamentos decorativos na bandeira. A parte superior destaca letrismos inscritos no vidro e um «candeeiro-aquário» de um peixinho, que se tornaria o símbolo da casa.

CASA DA MARINHA GRANDE (MERUJA, FONTES & BARBOSA, SUCC.)
Rua de Sampaio Bruno, 19

Ano/Autor: 1934 / Aucíndio F. dos Santos, Arq.
Renovação da fachada de um estabelecimento especializado em representações dos produtos da capital da indústria vidreira portuguesa. O desenho estático propõe um revestimento marmóreo geral, com dois pilares arredondados na zona da porta central, recuada em relação á bandeira e montras laterais. A loja foi demolida nos anos 80 e ocupada por uma confeitaria.

FACHADA

ARTE (ÂNGELO DE AMORIM) / actual DIPOL
Rua de Santa Catarina, 9

Ano/Autor: 1933 / Artur de Almeida Júnior, Arq.
O autor materializa a vontade de impor uma aragem moderna na envolvente urbana, com um precioso entendimento do valor da linha, do traço, da curva e da geometria que percorre a superfície etérea e celestial do vidro. A simetria tripartida dissimula qualquer elemento estrutural, com amplas montras encurvadas na porta central e um friso de vidro decorativo a fazer uma transição para a bandeira, que recebe personalizados letrismos *art déco*, acentuados por linhas e faixas horizontalizantes. Apesar das pequenas alterações que actualmente evidencia, esta loja possui o reflexo raro do carácter intemporal que apenas a modernidade verdadeira admite. Obviamente, devia recuperar o seu aspecto original e ser protegida como valor arquitectónico relevante do modernismo portuense, dedicatória para gerações do futuro moderno.

FACHADA

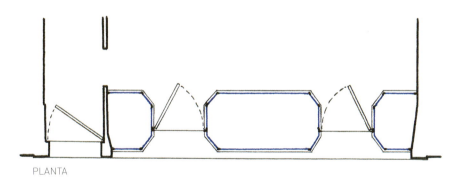

PLANTA

FACHADA

CASA DAS LOUÇAS (EDUARDO F. BARBOSA)
Rua Formosa, 333

Ano/Autor: 1935 / Júlio J. de Brito, Arq.

A criação do Mercado do Bolhão em meados do século XIX motiva nos anos subsequentes um alargamento da zona comercial central para norte. Este estabelecimento segue uma tipologia que se afirmava nos anos 1930, com um enquadramento em mármore a envolver a porta lateral de serviço, uma bandeira geral com expressivos letrismos e uma montra facetada na zona das portas recuadas. O estabelecimento desapareceu no último quartel do século XX, mantendo-se o emolduramento marmóreo.

FANTASIA (CARVALHO & MARTINO, LDA.)
Rua de 31 de Janeiro, 216-220

Ano/Autor: 1943 / Avelino dos Santos, Augusto S. Laundes, M.Ob.

Em 1915 a *devanture* metálica existente é ampliada com uma montra no primeiro andar, para exposição dos artigos de uma sucursal da Casa Africana. O projecto de 1943 corresponde a uma modernização tipológica para a instalação do estabelecimento de cristais e decorações da firma Carvalho & Martino, Lda. O emolduramento em mármore demarca a loja com montra central ladeada de portas e destaca na grande superfície vítrea do primeiro andar uma grade artística com a sonoridade apelativa do nome do estabelecimento. Apesar de ter sido alterada, conserva alguns vestígios deste projecto.

FACHADA

FACHADA

GARDÉNIA (A. J. DA SILVA E SOUSA)
Rua de Santa Catarina, 121

Ano/Autor: 1931 / José Emílio S. Moreira, Arq.
A supressão das portas e varandas do primeiro andar permite a modernização do estabelecimento de flores Gardénia. O enquadramento é revestido a mármore, com decorações em relevo nos cantos chanfrados, e um friso metálico de marcação do pavimento sustenta uma simulação de bandeira com letrismos. O embasamento suporta as montras laterais facetadas, isolando uma porta central com vidros de fantasia na parte superior. Foi demolida em 1941 e substituída pela loja Íbis.

PRIMAVERA (ANTÓNIO FELICIANO DE SOUSA)
Rua de Santa Catarina, 275-279

Ano/Autor: 1938 / Pereira Leite, Arq., Rafael Lopes, Arq.
O projecto tenta ampliar a exposição urbana, com vitrines salientes a cobrir as paredes de meação, e, através da supressão da varanda, cria um prolongamento superior em mármore com letrismos metálicos e tubos de néon. Existe uma clara leitura das superfícies de vidro que não é corrompida pela intencional ligeira assimetria provocada pela diferente largura das portas recuadas. Desenhado por arquitectos da nova geração, o projecto evidenciava qualidades impressivas de assumida simplicidade geométrica. Foi demolido nos anos 50 do século XX.

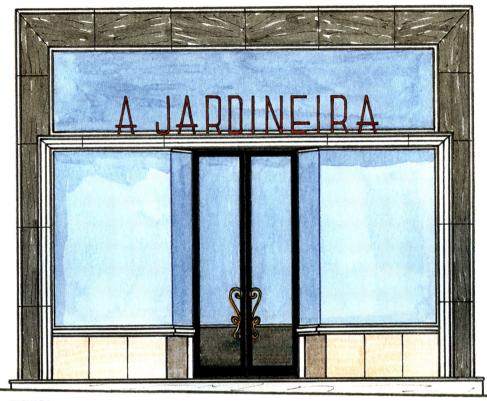

FACHADA

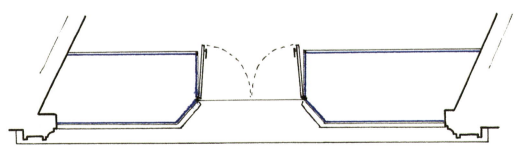

PLANTA

A JARDINEIRA (JOSÉ LUIZ TEIXEIRA PINTO)
Rua de Mousinho da Silveira, 194

Ano/Autor: 1946 / Agostinho F. Almeida, Arq., Alfredo Brandão, Arq.
Modelo equilibrado, que se iria tornar recorrente ao longo dos anos 50, com uma fachada envolvida por uma moldura larga exterior e uma moldura-friso interior, demarcando o esquema tripartido tradicional e isolando uma bandeira com letrismos. Esta bandeira receberá uma grade de ferro com aplicações em cobre, e os puxadores são o único elemento com movimentos ondulantes de inspiração «portuguesa». No interior respira-se o valor da vida no colorido dos saquinhos com bolbos e sementes, que prometem momentos desabrochados em seiva florida.

PERSPECTIVA

FACHADA

ATELIER DO ESCULTOR HENRIQUE MOREIRA
Rua de Arnaldo Gama

Ano/Autor: 1933 / Januário Godinho, Arq.
A presença estranha do escultor Henrique Moreira nesta síntese gráfica justifica-se não só pela dedicação emotiva que transportou para a melhoria de vários espaços públicos citadinos (lugares comerciais de excelência), mas principalmente pelo seu contributo no enriquecimento simbólico-decorativo de vários estabelecimentos comerciais. O seu *atelier* aproveitou o espaço abandonado do antigo elevador dos Guindais, alterando o edifício para melhorar o controlo lumínico e atmosférico que incidia nas peças nos momentos de modelação criativa. O escultor faleceu em 1979 e o espaço cedeu o lugar a um culto religioso.

EQUIPAMENTO DA CASA | 95

FACHADA

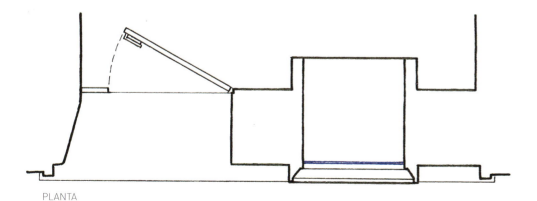
PLANTA

FRANKLIN – OBJECTOS DE ARTE (F. RAMOS PEREIRA)
Avenida de Rodrigues de Freitas, 273

Ano/Autor: 1953 / David A. F. Caravana, Arq.
A proximidade dos cemitérios caracteriza tipologias comerciais que participam nos cerimoniais específicos, como floristas, cerieiros, funerárias e oficinas de marmoristas. A este requintado estabelecimento de modelação, fundição e objectos de arte em gesso parece, contudo, ser mais relevante a proximidade do ambiente estético-profissional da Escola de Belas-Artes do Porto. A moldura exterior enquadra uma porta recuada e um espaço branco com um quadro-janela que destaca uma peça única. A verga com letrismos escultóricos serve de apoio a bustos que observam o movimento quotidiano.

FACHADA

OFICINA DE PINTURA DECORATIVA

Praça de Mouzinho de Albuquerque, 149 < Rua do Bom Sucesso

Ano/Autor: 1913

As oficinas de pintura decorativa espalharam pelos estabelecimentos comerciais verdadeiras preciosidades na execução de vitrais, tabuletas e outros elementos caracterizadores. Este edifício de vãos arqueados, posteriormente demolido em 1941, era totalmente ocupado por oficina e *atelier* de pintura artística e decorativa.

EQUIPAMENTO DA CASA | 97

FACHADA

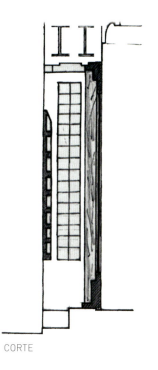
CORTE

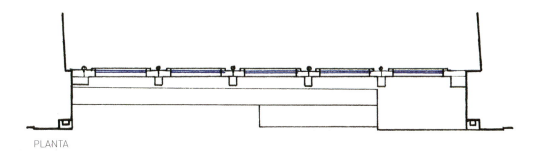
PLANTA

OFICINA DE PINTURA DECORATIVA – ARTISTAS REUNIDOS
Rua do Almada, 560

Ano/Autor: 1924 / Artur de Almeida Júnior, Arq.
A aparente pobreza da fachada anuncia um projecto pioneiro na arquitectura moderna portuense. O vigor expressivo, provavelmente influenciado na Europa germânica, apresenta um pórtico (revestido a cimento) com uma marcação gráfica de horizontalidade e retículas nas ombreiras inclinadas, acompanhadas por robusta caixilharia de madeira e cuidadosa percepção do declive do arruamento. Devia estar protegido como valor arquitectónico relevante.

CORTE – INTERIOR

CASA DAS ROLHAS
Rua de Mousinho da Silveira, 15

Ano/Autor: 1850 (Fund.)

Sente-se neste histórico estabelecimento a proximidade do Rio Douro e o sabor do seu néctar mais precioso, símbolo supremo desta cidade, e adivinha-se a complementaridade paisagística das oliveiras alinhadas em socalcos. A tabuleta pendular aponta o olhar para um interior de sacarias espalhadas e penduradas, num efeito geral que convida a uma percepção táctil. No caminho de um futuro incerto, a permanência deste estabelecimento constitui uma raridade que só valoriza a diversidade comercial de qualquer cidade.

EQUIPAMENTO DA CASA | 99

FACHADA

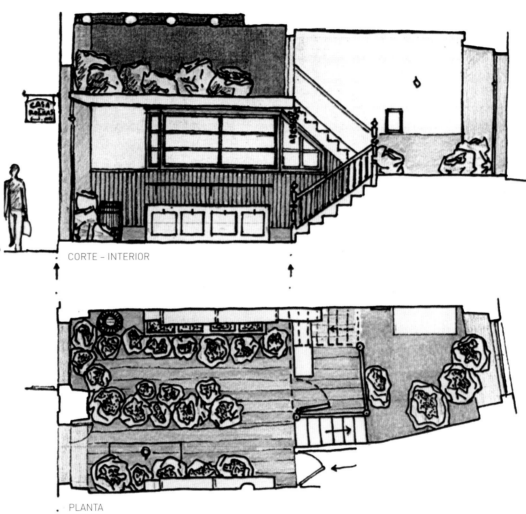
CORTE – INTERIOR

PLANTA

CASA DE S. JOSÉ (J. BARBOSA RIBEIRO & C.ª LDA.)
Rua das Flores, 168-170

Ano/Autor: 1896 (Fund.) ■ 1911 / Joaquim F. Barros, M.Ob.

Estabelecimento de artigos religiosos fundado em 1896, que dignifica a fachada em 1911 colocando uma *devanture* em ferro com quatro colunas adossadas a dividir o esquema tripartido, relevando detalhes de requinte ornamental a justificar uma classificação de protecção arquitectónica específica. O efeito estético é ampliado com uma artística tabuleta frontal apoiada na varanda e no entablamento. A minha postura profissional de arquitecto na execução de cada desenho apenas dirigia o olhar para elementos essenciais, mas redutores, da arquitectura como as fachadas exteriores e interiores, as noções espaciais, as tipologias funcionais, o mobiliário e a estética das superfícies. Terá sido, eventualmente, o efeito espiritual que se vive neste interior de penumbras que me fez sentir pela primeira vez uma vontade irreprimível de colocar no desenho os artigos expostos, por considerar este valor sensorial o mais verdadeiro na percepção do ambiente de cada estabelecimento.

José Barbosa Ribeiro, Succ.

ARTIGOS RELIGIOSOS

Preguntae preços e confiareis só na

—— CASA DE S. JOSÉ ——

(Fundada em 1896)

168, Rua das Flores, 170 — PORTO

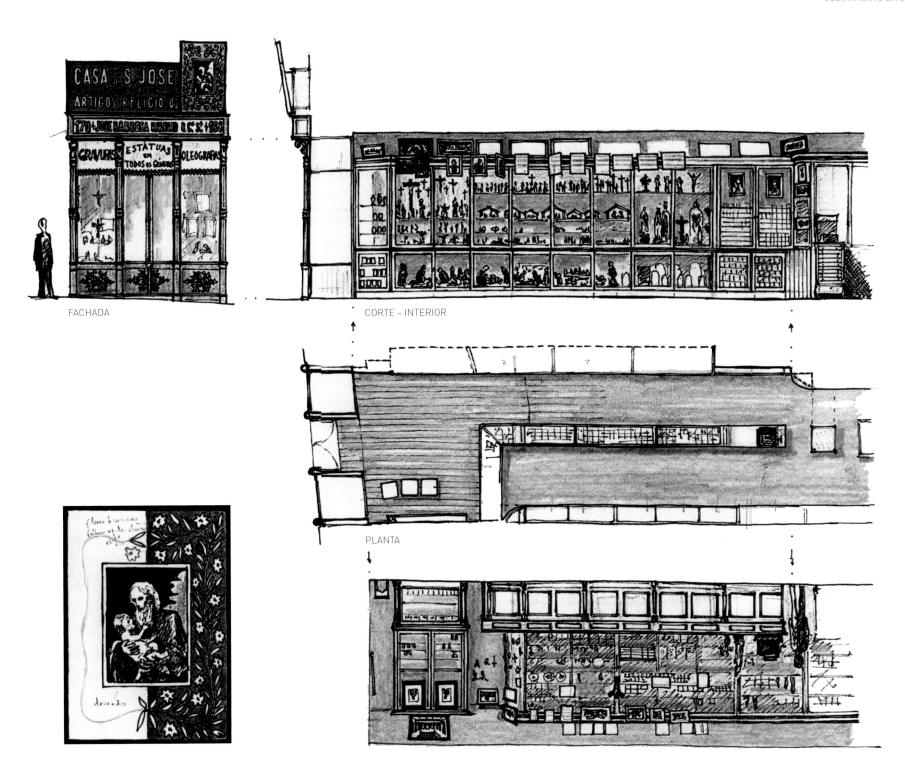

FACHADA
CORTE – INTERIOR
PLANTA

FACHADA

A. D. CANEDO, SUCC.
Rua das Flores, 200-206

Ano/Autor: Início do século XX

Ampla *devanture* em ferro com colunas estriadas a separar os tramos das montras e das portas centrais, dinamizando a parte superior com letrismos publicitários e uma decorativa tabuleta de personalizado efeito, encostada à varanda do primeiro andar. Na viragem do século XIX, estas tabuletas eram um dos traços arquitectónicos mais relevantes no ambiente exterior das principais ruas comerciais da cidade. A partir dos anos 20 o espaço é ocupado por um armazém de lanifícios, tendo sido retirada a tabuleta comercial.

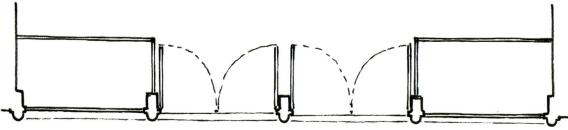

PLANTA

FACHADA

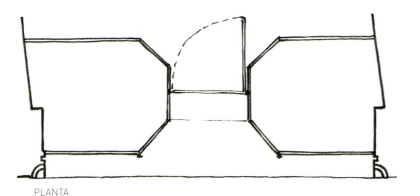

PLANTA

CASA DA SENHORA DE LOURDES
Rua da Fábrica, 16

Ano/Autor: 1926 / F. Oliveira Ferreira, Arq.

O desenho representa o primeiro projecto da autoria de F. Oliveira Ferreira, mais tarde alterado e concretizado com menor qualidade formal e estética pelo arquitecto Alberto F. Gomes. É usado um vocabulário ecléctico de tendência neogótica, definindo um arco com montras laterais a ladearem uma porta recuada, que destaca vitrais artísticos na bandeira. O embasamento previa aberturas gradeadas para iluminar a cave. O projecto construído define dois vãos arqueados unidos, enquadrando porta e montra.

FACHADA

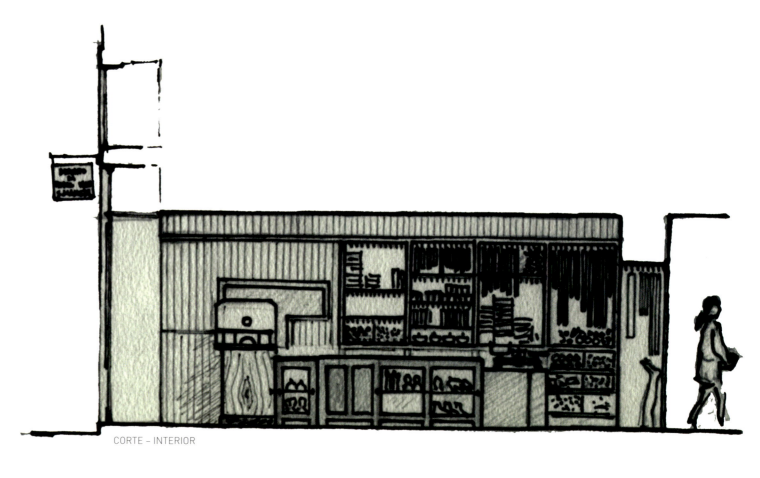
CORTE – INTERIOR

DEPÓSITO DA FÁBRICA DE VELAS DE S. MAMEDE
Rua da Assunção, 24

Ano/Autor: Início do século XX ■ 1926

O grande número de edifícios religiosos na envolvente próxima da Cordoaria é determinante para a instalação de estabelecimentos especializados na venda de produtos em cera, reflectindo desejos, lembranças ou promessas. A loja mantinha o desenho original almadino, com porta larga e sobreloja arqueada, e no interior o mobiliário mostrava uma variada gama de artigos. O estabelecimento encerrou na última década do século XX.

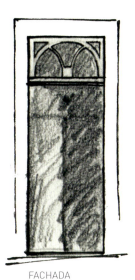
FACHADA

CORTE – INTERIOR

DEPÓSITO DA NOVA FÁBRICA DE VELAS MANUEL ROCHA
Rua da Assunção, 42

Ano/Autor: Início do século XX

A fachada simples anuncia um mundo interior único, merecedor de uma visita atenta à exposição diversificada, mas singela, em mobiliário que percorre o alongado estabelecimento. O destaque do ambiente arquitectónico vai para os travessões no tecto, com uma pregaria que serve de apoio a sequências de círios que pendem em luminosa sinfonia.

FACHADA

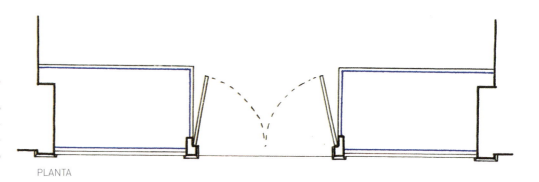

PLANTA

MOURA BASTO & PINA
Rua do Almada, 166

Ano/Autor: 1919 / José J. P. Azevedo, Eng.

Estabelecimento especializado em artigos desportivos que repete o formulário arquitectónico usual através de uma *devanture* tripartida em madeira, com belos apontamentos de marcenaria artística. O entablamento construído teve um reforço da intensidade decorativa, dignificando uma loja onde viria a funcionar (desde 1932) o armazém de lanifícios de Afonso Silva. O encerramento desta loja no final do século XX abriu caminho a uma anunciada ruína, apesar de ser um objecto arquitectónico que merece ser salvaguardado.

FACHADA

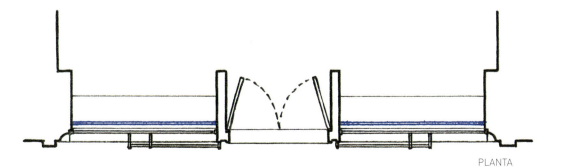
PLANTA

CASA SPORT
Rua de Sá da Bandeira, 241-245

Ano/Autor: 1919 / Leandro de Moraes, Arq.

Desde o início do século XX que o cimento é entendido como um material de fácil modelação estética, permitindo uma expressão próxima de materiais considerados mais nobres como o granito e o mármore. Nesta fachada ecléctica de cimento, é definido um arco abatido enquadrando as montras, com resguardos metálicos, e uma porta central entre pilastras. O entablamento faz um movimento curvo com volutas e dignifica-se a fachada com elementos decorativos. O estabelecimento foi alterado em 1930 e demolido em 1938.

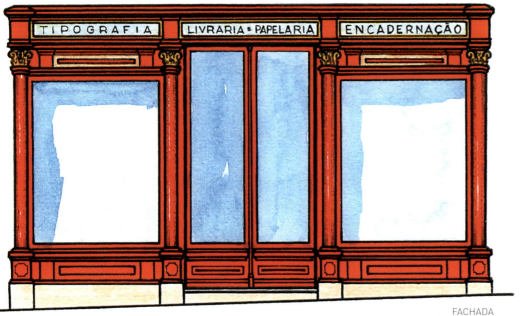

FACHADA

LIVRARIA PORTUENSE – SIMÕES LOPES
Rua do Almada, 121 < Rua da Fábrica

Ano/Autor: 1858 (Fund.) ▪ 1910 / Manoel F. Rodrigues, M.Ob.
Manuel Malheiro fundou esta livraria em 1858, passando mais tarde para Guilherme Augusto Clavel, e finalmente para Simões Lopes em 1885, personalidade de grande empreendedorismo no meio portuense. A fachada é reformada em 1910 com uma *devanture* em ferro segundo o modelo tripartido, dividida por colunas de capitéis vegetalistas a suportar o entablamento. Após uma actividade editorial meritória desenvolvida por Domingos Barreira, a livraria desapareceu e o edifício nobre onde estava instalada continua à espera de uma ocupação condigna.

FACHADA

RENASCENÇA PORTUGUESA – ASSOCIAÇÃO DE LITERATURA E ARTE
Rua dos Mártires da Liberdade, 174-178

Ano/Autor: 1917 / Carlos de Sousa, Arq.
Em época de grande agitação sociopolítica e de aculturações estrangeiras, como fica evidente nas denominações dos estabelecimentos comerciais, nasce em 1911-1912 um amplo movimento cultural intitulado «Renascença Portuguesa» afirmando o ressurgimento nacional e promovendo a educação e cultura portuguesa, divulgada em forma escrita pelo órgão do movimento (revista *A Águia*) segundo um programa induzido por Teixeira de Pascoaes de implantação da Era Lusíada. No lugar-sede do movimento, a fachada é alterada em 1917 com um projecto neogótico, reflexo de intencional simbolismo que procura o renascimento consubstanciado na estética manuelina, época de afirmação da gesta lusitana no mundo. Actualmente, mantém-se a fachada construída em cimento e uma placa comemorativa que protege do esquecimento este valor cultural e arquitectónico.

FACHADA

LIVRARIA-EDITORA LATINA
Rua de Santa Catarina, 2-10 < Praça da Batalha

Ano/Autor: 1928 / Alberto F. Gomes, Arq.
A fachada foi construída para um estabelecimento de artigos de bazar designado Casa Americana e procura um equilíbrio arquitectónico com a vizinha ourivesaria Reis & Filhos, valorizando a entrada desta emblemática rua comercial. Após um percurso de notável erudição, evidenciada na autoria do *Dicionário Universal de Literatura* editado em 1934, Henrique Perdigão inaugura a sua Livraria Latina em 1942 no desígnio supremo de divulgar o conhecimento, ocupando o anterior estabelecimento e reforçando o carácter cultural através da substituição simbólica do busto de Mercúrio pelo de Luiz Vaz de Camões, concretizado pelo aguarelista António Cruz. Aceitando as dificuldades do caminho, este espírito teve sequência nos descendentes, que revitalizaram o espaço de uma livraria que inspira a cidade de orgulho.

LAZER, DESPORTO, CULTURA | 111

FACHADA

FACHADA

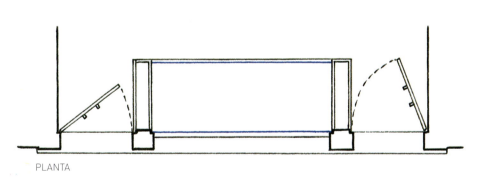
PLANTA

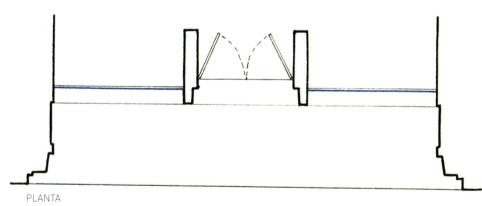
PLANTA

COMPANHIA PORTUGUESA EDITORA
Rua do Bonjardim, 166-170

Ano/Autor: 1933 / Amândio D. Pinto, Eng.
Nascido do esforço colectivo de livrarias, editoras e tipografias, o estabelecimento de linhas modernas fixa-se na Rua do Bonjardim com uma fachada profundamente ortogonal, fazendo ressaltar a expressão das linearidades marmóreas. Foi demolido em 1942, libertando o terreno para a construção do edifício de Maurício Macedo que define a nova Praça de D. João I.

PORTO EDITORA, LDA.
Rua de Santa Teresa, 90

Ano/Autor: 1944 / Aucíndio F. Santos, Arq.
A rua estreita e movimentada é o motivo principal para o recuo da fachada, permitindo o usufruto abrigado das novidades livreiras inseridas nas montras laterais. É definido um aro exterior revestido a granito polido, e as paredes laterais inserem letrismos no mármore. A porta central é envolvida por granito e destaca, na parte superior, um livro aberto. O edifício foi demolido, mas a empresa cresceu num vigor empreendedor extraordinário.

PLANTA

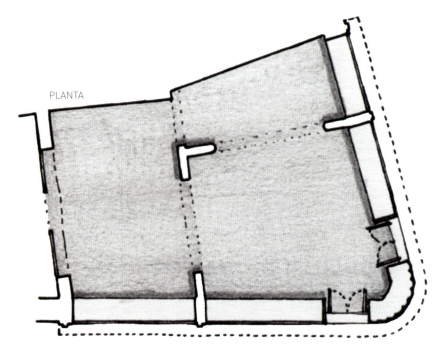

FACHADA

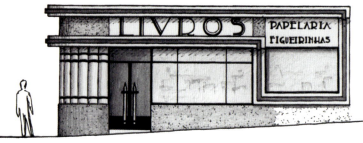

LIVRARIA FIGUEIRINHAS / actual EDUCAÇÃO NACIONAL
Rua do Almada, 125 < Rua da Fábrica

Ano/Autor: 1935 / António de Brito, Arq., Eduardo Martins, Arq.
Vigoroso projecto modernista que reforça de forma telúrica o cunhal do edifício setecentista, destacando duas faixas paralelas salientes que se prolongam e enquadram as montras nas extremidades. As portas que acompanham o cunhal arredondado evidenciam uns puxadores com o formato de lápis gigante. Esta fachada constitui um valor arquitectónico relevante que deve ser protegido.

FACHADA

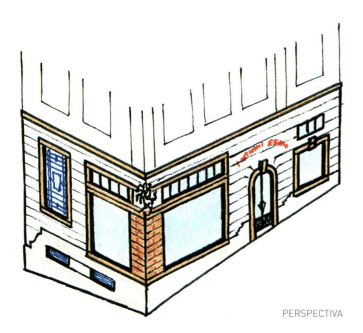

PERSPECTIVA

PORTUCALENSE EDITORA

Largo dos Lóios < Rua dos Clérigos, 5

Ano/Autor: 1945 / Manuel da S. Passos Júnior, Arq.

Empresa fundada nos primeiros anos da ditadura militar por Damião Peres, personalidade ilustre do meio cultural, e que honrou o País com prestigiadas edições como a *História de Portugal* e a *História da Cidade do Porto*. A livraria-editora estabeleceu-se na zona dos Clérigos reformulando a fachada num desenho arquitectónico «português suave», destacando na pilastra da esquina um cavaleiro medieval em pose de afrontamento. O edifício foi reconstruído nos anos 60 do século XX, tendo desaparecido o estabelecimento.

FACHADA

LIVRARIA PORTUGÁLIA
Rua de 31 de Janeiro, 210-212

Ano/Autor: 1944 / Artur Andrade, Arq.
Magnífico projecto de um dos expoentes da arquitectura moderna portuguesa do século XX. A fachada definia um pórtico monumental, com letrismos na parte superior de uma pequena montra central deslocada. Um átrio revestido de pinturas geométricas de Kradolfer antecedia a fachada envidraçada recuada. O interior era espacialmente brilhante, com uma zona de livraria servida por um duplo pé-direito com galeria, e demarcando um triplo vazio na zona das escadas que faziam a distribuição para uma sala de leitura posterior (com iluminação zenital) e para uma sala de exposições de artes plásticas no piso superior. Posteriormente esteve aqui instalada a Vadeca mantendo a lógica espacial interior, mas em 2007 um novo estabelecimento aceitou a permissividade camarária que induziu a zero o patrimonio existente. Fica na memória o requintado corrimão que nos acariciava a palma.

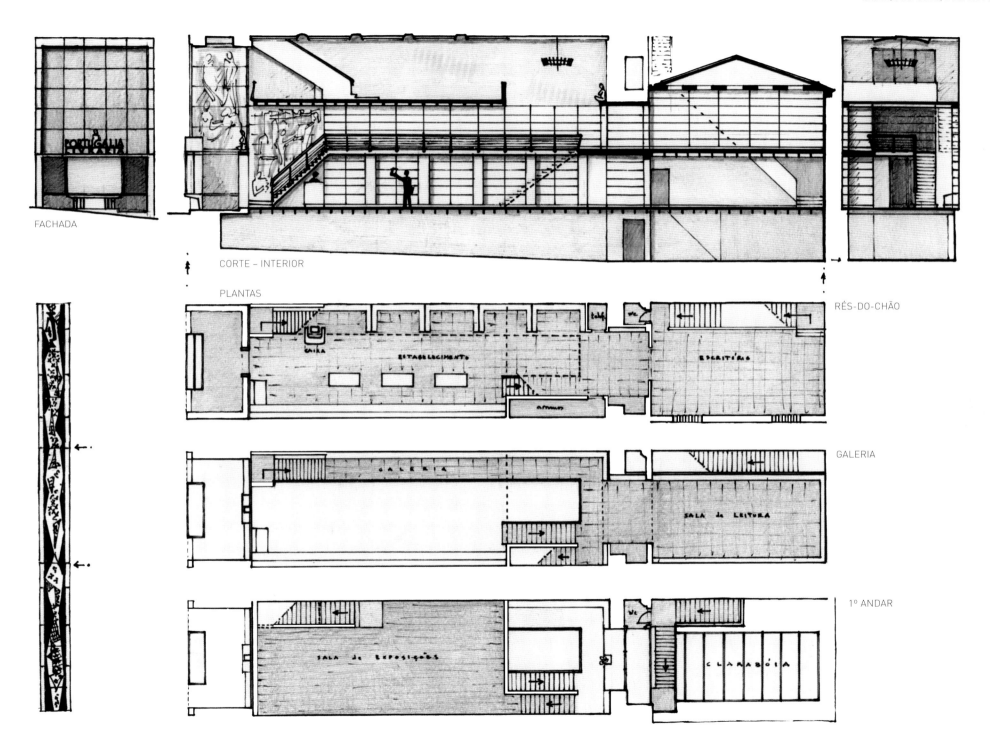

FACHADA

ARMAZÉNS GRÁFICOS A. RODRIGUES & C.ª LDA.
Rua do Almada, 240-244

Ano/Autor: 1927 / Joaquim Mendes Jorge, Eng., Raymundo J. Mendes, M.Ob.
O contributo das tipografias na divulgação do conhecimento é um símbolo transcendental da modernidade do ser humano. Gutenberg e Senefelder revivem nos baixos-relevos inscritos nas ombreiras das entradas laterais deste estabelecimento de tipografia, litografia, encadernação e cartonagem. A fachada em cimento, rematada por uma cornija vegetalista, enquadra uma *devanture* em ferro com colunas duplas a definir os extremos das portas laterais recuadas e decoradas com serralharias eclécticas. O projecto apresentado foi alterado em fase de construção, mantendo, contudo, uma singularidade arquitectónica digna de ser preservada.

FACHADA

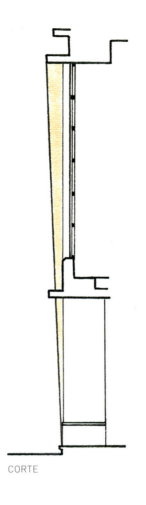
CORTE

PLANTA

TIPOGRAFIA JOAQUIM DUARTE
Rua de Santa Catarina, 1184-1186

Ano/Autor: 1951 / Armando da Silva Mourão, Eng. (T.R.)

Inserido num conjunto de edifícios do século XIX (ainda) de espírito Almadino, a moderna fachada concretiza uma plena integração arquitectónica entre estéticas diferenciadas. São usados dois altivos pórticos inclinados a definir a entrada do prédio e outro, mais largo, a enquadrar a loja, com dupla entrada e montra central. O espaço vítreo da sobreloja é suportado com prumos de cimento verticais e perfilados horizontais em ferro. Devia estar salvaguardado como um objecto arquitectónico característico do modernismo dos anos 50.

PAPELARIA ARAÚJO & SOBRINHO
Largo de S. Domingos, 48-52

Ano/Autor: 1829 (Fund.) ■ 1897 ■ 1905 ■ 1921 / Fundição da Victória

«Armazém de Papel ao Murinho de S. Domingos» era a denominação da papelaria fundada por António Ribeiro de Faria em 1829. No final do século altera o nome para Araújo & Sobrinho e valoriza sucessivamente as fachadas com *devantures* metálicas, e, mais tarde (1921), ocupa o arco onde estava a fonte de S. Domingos. Nesse período, a fachada destaca um saboroso termómetro publicitário e afirma-se no magnífico revestimento azulejar executado por Silvestre Silvestri. Este revestimento evidencia um busto do Comércio, Mercúrio, o monograma e símbolo da casa, Hippocampus, vários atributos das especializações do negócio, tudo enquadrado por movimentados vegetalismos, grinaldas, cartelas, cercaduras ondulantes e festões. No interior recentemente modernizado, uma vitrine resguarda elementos históricos do estabelecimento, e, num local reservado transformado em fonte, a surpresa maior da preciosa escultura (Santa Catarina) que esteve instalada na fachada, simbolizando a abertura da Rua de Santa Catarina das Flores em 1521. Esta casa centenária tem um valor patrimonial que dignifica qualquer cidade do mundo.

LAZER, DESPORTO, CULTURA | 119

FACHADA

PAPELARIA MODELO
Largo dos Lóios, 76

Ano/Autor: Final do século XIX, início do século XX ■ 1921

No final do século XIX ficava neste local a Papelaria Costa & Carvalho, também conhecida como Papelaria dos Lóios, contribuindo o anterior estabelecimento com uma boa parte dos elementos caracterizadores da actual Papelaria Modelo (instalada em 1921). A *devanture* tripartida é separada por pilastras, com pormenores decorativos inscritos, e destaca na parte superior uma tabuleta e publicidade entre os vãos do primeiro andar. Os mosaicos da soleira, os apoios metálicos no interior das montras, a caixa registadora e o mobiliário com lírios arte nova dignificam esta loja que serve o espírito incerto dos artistas.

FACHADA

CORTE – INTERIOR

TINTAS   TELAS

PINCÉIS

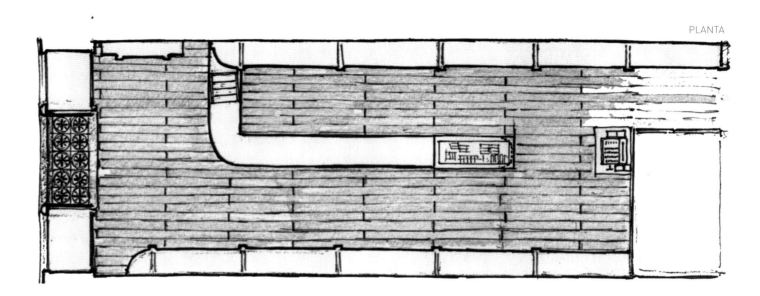

PLANTA

FACHADA

PAPELARIA CARVALHO & GASTALHO
Rua das Flores, 61

Ano/Autor: 1909 / José V. Lima Júnior, Eng.
Informado em modelos estrangeiros e recorrendo a habilidosos artífices de marcenaria, serralharia, vidraria e azulejaria, José Vasconcelos Lima Júnior é o mais convicto autor de arquitectura arte nova na cidade do Porto. Nesta *devanture* de madeira com porta central de quatro folhas ladeada por montras, a simetria é dissimulada pela movimentada caixilharia de inspiração naturalista, com apontamentos florais na base das montras e uma sugestão personalizada de asas de borboleta na zona das portadas. Nos anos 30 a empresa deslocalizou-se para outro edifício no mesmo arruamento e, pouco depois, a bela fachada arte nova é demolida.

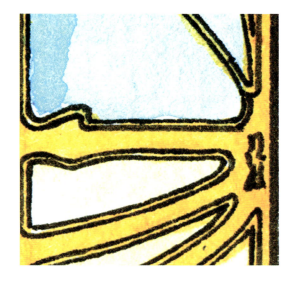

FACHADA

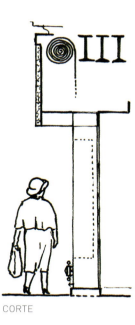

CORTE

FACHADA

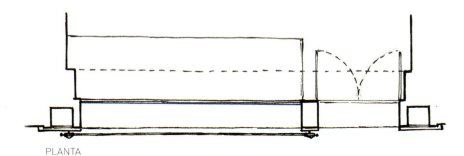

PLANTA

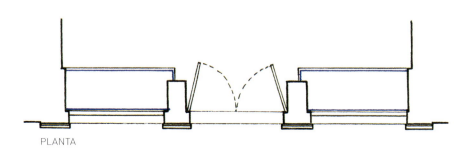

PLANTA

ARAÚJO & SOBRINHO, SUCC.
Rua dos Clérigos, 8-10

Ano/Autor: 1931 / Manuel S. Rocha Júnior, José M. Barros, M.Ob.
O sucesso da actividade comercial determina o aparecimento de sucursais em zonas de grande prestígio. Neste caso a papelaria Araújo & Sobrinho, mantendo a sede na zona histórica, abre um novo estabelecimento na principal zona comercial da cidade. A fachada *art déco* apresentava uma ampla montra, com resguardo em ferro e umas vitrines encastradas nas ombreiras, e uma espessa caixa de entablamento com o símbolo da casa acompanhado por um friso florido e letrismos publicitários. Foi demolida em 1947.

PAPELARIA ACADÉMICA
Praça da Batalha, 35-37

Ano/Autor: 1933 / José Emílio S. Moreira, Arq.
A papelaria já existia no século XIX tendo sido modernizada com um projecto *art déco* em 1933. A fachada revestida a mármore apresentava pilastras a definirem o esquema tripartido, com uma porta central de caixilharia *déco* e uma tabuleta em vidro de fantasia, com frisos laterais de alumínio a empolar o nome do estabelecimento. O edifício foi remodelado nos anos 90 e a loja desapareceu.

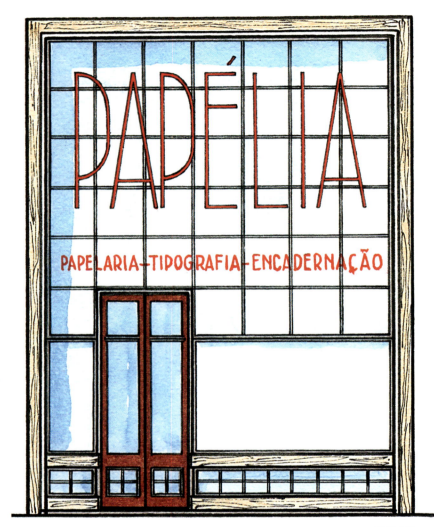

FACHADA

FACHADA

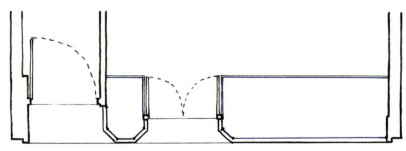
PLANTA

PAPÉLIA
Rua de Santa Catarina, 125-127

Ano/Autor: 1938 / Manuel Marques, Amoroso Lopes, Arq. ■ 1947 (Alt.) / Fernando Ferreira, Arq.
A resposta arquitectónica incomum ao pedido de um cliente raramente é concretizada, e quando tal acontece nada garante que, uns anos depois, a incompreensão da diferença leve a uma mensagem de retorno desenhada por outro arquitecto. Este é o primeiro projecto da Papelaria Papélia, construído em 1938, que revela uma consistente afirmação modernista na superfície em vidro geometrizada, inserindo preciosos letrismos e uma porta deslocada que provoca montras diferenciadas. O todo é envolvido por uma moldura em mármore e um cuidado embasamento para ventilar a cave. A fachada foi alterada-demolida em 1947, reassumindo a sobreloja e colocando a porta em pobre simetria. Actualmente a imagem foi novamente modernizada.

PAPELARIA FIDÉLIA
Rua de Santa Catarina, 291-295

Ano/Autor: 1942 / Amoroso Lopes, Arq. ■ 1944 / Joaquim M. Jorge, Eng.
Projecto de eficaz assimetria arquitectónica, alterado dois anos após a sua construção com recurso a duas montras iguais a ladearem uma porta central que passa a ser arqueada. No projecto original uma moldura em mármore envolve a porta lateral, e uma faixa metálica separa a bandeira com delicados letrismos. O embasamento marmóreo acompanha a montra larga, e uma vitrine facetada separa as duas portas recuadas. Contudo, a solução alterada assume algum valor patrimonial pela contínua demolição desta tipologia arquitectónica.

LAZER, DESPORTO, CULTURA | 125

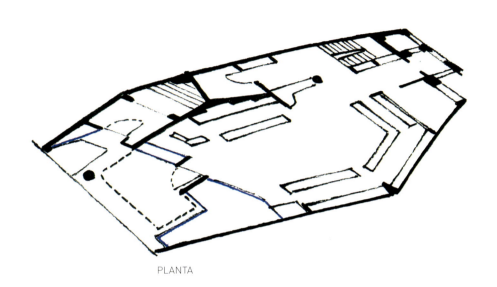
PLANTA

FACHADA

PAPELARIA SOUSA RIBEIRO
Rua de Sá da Bandeira, 229-233

Ano/Autor: 1955 / J. Márcio de Freitas, Arq.
Estabelecimento de uma dinâmica modernista intensa, com um jogo de planos assimétricos e superfícies transparentes que espalham perspectivas diferenciadas. A ideia nasce do acto supremo da pala que vem do pavimento e que marca a entrada da loja recuada, suporta a montra suspensa, acompanha a rua apoiando letrismos em néon e envolve o pilar que avisa a entrada lateral, juntamente com os degraus. Estava revestida de materiais decorativos, mas foi ingloriamente demolida nos anos 70 para ampliar o edifício Atlântico.

FACHADA

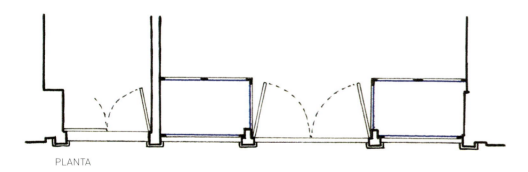
PLANTA

FACHADA

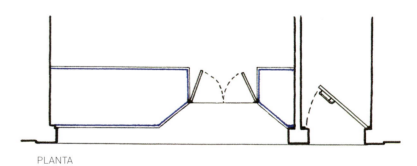
PLANTA

ARNALDO TRINDADE – TABACARIA
Praça da Batalha, 141-143

Ano/Autor: 1911 / José da S. Maia, M.Ob.
Uma das situações mais curiosas na evolução comercial está no entendimento global do percurso familiar, relacionado com a mutação dos locais de fixação comercial e respectivas áreas de influência e especialização. Arnaldo Trindade altera a fachada da sua tabacaria em 1911, colocando uma *devanture* metálica que segue uma tipologia corrente. O edifício viria a ser demolido nos anos 50 e o negócio deslocalizado para a Rua de Santa Catarina com a loja Philco, especializada em electrodomésticos.

TABACARIA BEIRÃO
Rua de Santo Ildefonso, 74-76

Ano/Autor: 1936 / Renato Montes, Arq.
A tabacaria de Francisco dos Santos Beirão é modernizada em 1937 com uma moldura em mármore preto a envolver as montras facetadas (no recuo da entrada com a bandeira em vidro granitado) e a porta lateral do edifício. Na parte superior, os tubinhos de néon desenhavam o nome do estabelecimento.

CORTE – INTERIOR
PLANTA

FACHADA

ANTIGA TABACARIA VELUDO
Rua do Bonfim, 84-88

Ano/Autor: 1932 / Amândio D. Pinto, Eng.
No início do século XX, Albino José Ferreira da Silva possuía uma mercearia, mais tarde transformada em depósito de tabacos, que seria demolida nos anos 30 para reformular a imagem urbana das esquinas do Campo de 24 de Agosto. Esta situação é o motivo para a construção de um novo estabelecimento com uma linguagem *art déco*. O esquema tripartido é revestido a mármore com pilastras separadoras e um entablamento estático com o nome da loja. Os letrismos e a numeração metálica, assim como a bandeira e as ombreiras floridas que acompanham a porta central, são destaques assumidos da nova estética, merecendo na actualidade protecção arquitectónica.

FACHADA

TABACARIA PRATA (JÚLIO ALVES PRATA)
Largo dos Lóios, 73-74

Ano/Autor: 1937 / Arménio Losa, Arq., Mário Barbosa, Arq., Vaz Martins, Arq.
Fachada de equilibrada mestria com um emolduramento geral em mármore, destacando faixas a demarcarem o nome e a esbelta numeração. A montra facetada é acompanhada pela parede boleada que separa as duas portas. A porta recuada da loja é decorada com uma caixilharia que transpira sensualidade, desenhando um cachimbo e os fluidos atmosféricos do tabaco, símbolo tribal da força e da clarividência. Actualmente, já não funciona ali uma tabacaria e a sugestiva porta desapareceu, mas este belo momento de arquitectura devia ser recolocado e protegido como valor patrimonial.

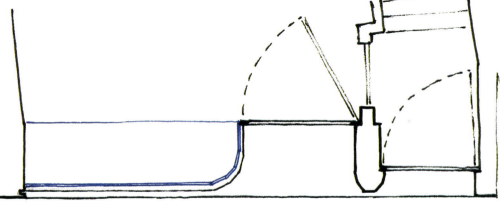

PLANTA

FACHADA

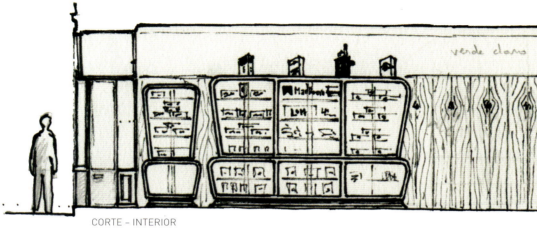
CORTE – INTERIOR

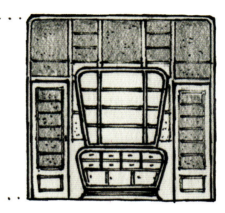

PLANTA

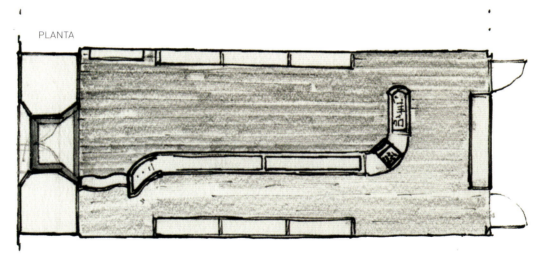

DEPÓSITO DE TABACOS INVICTA (A. LENCART E SILVA & C.ª LDA.)
Rua das Flores, 135

Ano/Autor: 1939 / Homero F. Dias, Arq.
A fachada apresenta uma tipologia recorrente nos anos 30 do século XX. O estabelecimento encerrou há poucos anos e tinha no seu interior um personalizado mobiliário de parede, com as extremidades arredondadas, e um balcão corrido de forma sinuosa a definir o espaço de atendimento.

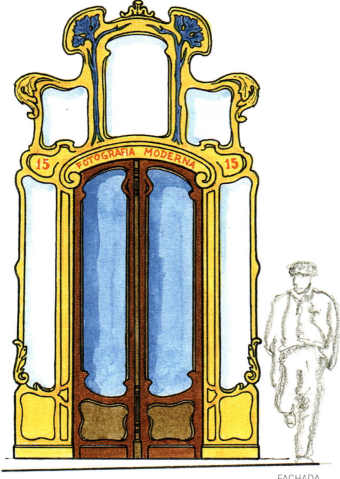

FACHADA

FACHADA

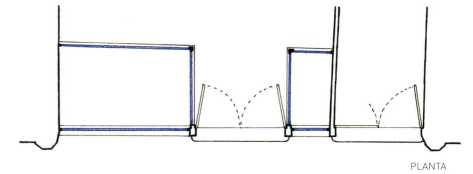

PLANTA

FOTOGRAFIA MODERNA
Rua do Bonjardim, 15

Ano/Autor: 1914 / José da Silva Maia, M.Ob.
Desde meados do século XIX que a cidade do Porto se apaixonou pela evolução da arte fotográfica, tendo surgido inúmeros estabelecimentos que representaram de várias formas o ambiente da época. A maioria deles apenas tinha uma porta virada para a rua, por onde se entrava para um maravilhoso mundo mágico de cenários e uma sucessão de anexos técnicos. Esta formosa loja arte nova enquadra a porta arqueada através de um emolduramento em madeira com ornatos vegetalistas, definindo espaços para exposição de retratos nas ombreiras e na parte superior. Provavelmente não terá sido construída, pois os edifícios deste tramo da estrada velha de Guimarães estavam a ser demolidos para alargamento e engrandecimento arquitectónico.

JÚLIO WORM – ARTIGOS FOTOGRÁFICOS
Rua de 31 de Janeiro, 63-67

Ano/Autor: 1928 / Inácio P. de Sá, C.C.
Numa época em que perduravam os modelos eclécticos, Júlio Worm substitui o antigo Bazar Photographico de Manuel Rangel Pamplona por um projecto de linhas simples e modernas. O cimento reforça a definição das caixilharias em ferro, demarcando montras desiguais pela imposição da porta central e a inclusão de uma lateral. O enquadramento é feito por uma moldura facetada com letrismos e cornija no entablamento. Foi demolido nas últimas décadas do século XX.

LAZER, DESPORTO, CULTURA | 131

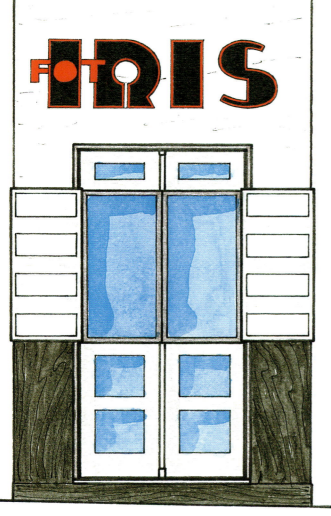

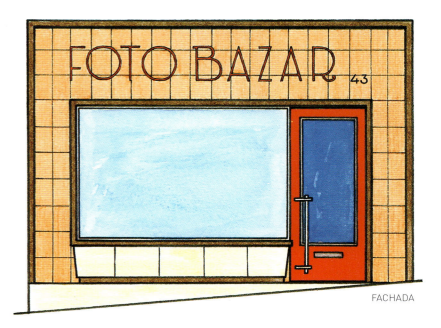
FACHADA

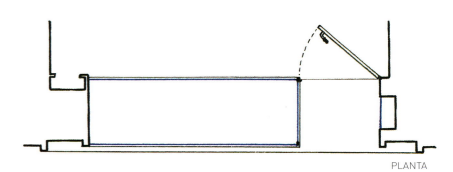
PLANTA

FACHADA

FOTO – IRIS
Rua de Santa Catarina, 312

Ano/Autor: 1931 / Manuel Marques, Arq., Amoroso Lopes, Arq.
A união entre o céu e a terra – IRIS – é simplesmente uma porta vestida de mármore branco e negro com caixilhos de ferro para expor fotografias e uns letrismos extasiantes de sabor *déco*. Desapareceu há várias décadas.

FOTO BAZAR
Rua da Fábrica, 39-43

Ano/Autor: 1899 (Fund.) ■ 1954 / Manuel P. T. Magalhães, Arq.
Projecto que alterou este antigo armazém de artigos fotográficos, demolindo as duas portas existentes para concretizar um desenho corrente dos anos 50. A fachada é revestida a granito polido com uma moldura exterior e uma interior, a enquadrar a montra larga e uma porta recuada. O estabelecimento encerrou há pouco tempo e a porta vermelha é uma liberdade do cansaço criativo da minha mão direita.

FACHADA

PLANTA

ALFREDO PEREIRA – PIANOS
Rua do Almada, 579

Ano/Autor: 1913 / Manuel Alves Maia, M.Ob., Eduardo Alves, Arq. (atribuído)

Devanture metálica construída para um grande armazém de pianos, retirando dois mainéis laterais para concretizar montras amplas e mantendo os mainéis do vão central, onde permanece a porta de entrada. Os tramos são divididos através de colunas em ferro nos extremos e duplas colunas a dissimular os mainéis preexistentes, junto á porta renovada com caixilharias artísticas. O projecto apresentado foi construído com algumas alterações, particularmente na caixa do entablamento para esconder uma grade de enrolar, e nos resguardos das montras, constituindo um bom exemplar da arquitectura comercial em ferro com valor patrimonial, a inspirar cuidado pois a loja encerrou e começa a evidenciar lamentáveis sinais de degradação.

FACHADA

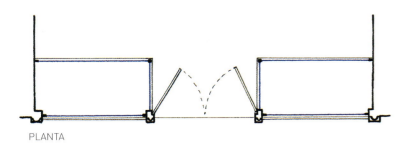

PLANTA

FACHADA

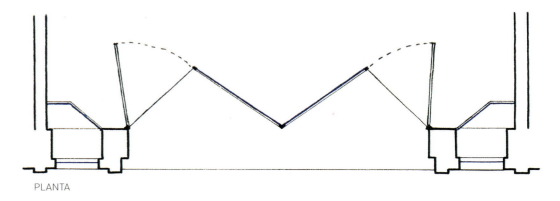

PLANTA

CASTANHEIRA & C.ª SUCC. (CUSTÓDIO CARDOSO PEREIRA)
Rua do Almada, 170

Ano/Autor: 1917

A firma tem origem no final do século XIX e foi consolidando prestígio no ambiente musical portuense. A fachada foi modernizada em 1917 com uma *devanture* de madeira desenhando o esquema tripartido comum, mas com sugestivos apontamentos decorativos nas colunas adossadas e no entablamento, que destaca uma estilizada lira – símbolo de Deuses, Poetas e da harmonia cósmica –, mas também no embasamento povoado de atributos musicais. A fachada foi novamente modernizada no início dos anos 60.

CENTRO MUSICAL JÚLIO DA FONSECA
Rua do Almada, 271-275

Ano/Autor: 1927 / Júlio J. de Brito, Arq.

Júlio José de Brito foi um dos primeiros arquitectos a assumir a linguagem moderna de forma pragmática, evidenciando as qualidades expressivas dos materiais segundo uma geometria que procura a simplicidade. Neste belo projecto, o espaço recua num ziguezague com duas portas e montra central, envolvido por um largo emolduramento marmóreo a duas cores que destaca duas pequenas montras de incomum efeito. Provavelmente incompreendida na época, esta modernidade foi demolida quatro anos depois, sendo substituída por uma loja da firma Sousa Basto & Filho.

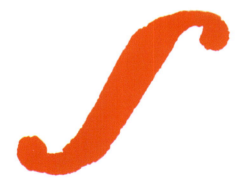

FACHADA
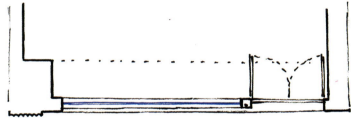
PLANTA

PIANOS – ALBERTO VINHAS
Rua do Almada, 503

Ano/Autor: 1943 / F. de Oliveira Ferreira, Arq.
Reconhecido pelo equilíbrio e elegância dos projectos eclécticos do início do século XX, Oliveira Ferreira é também um percursor do primeiro modernismo, que se expande pela cidade nos anos 30. A fachada revestida a mármore demarca duas amplas superfícies em vidro, na entrada com montra e no primeiro andar transformado em sobreloja, inserindo letrismos no meio e uma pilastra lateral «pautada», que nunca seria construída. Objecto com intrínseco valor arquitectónico que, apesar de envelhecido pelo tempo, mantém uma configuração de intemporal modernidade.

LAZER, DESPORTO, CULTURA | 135

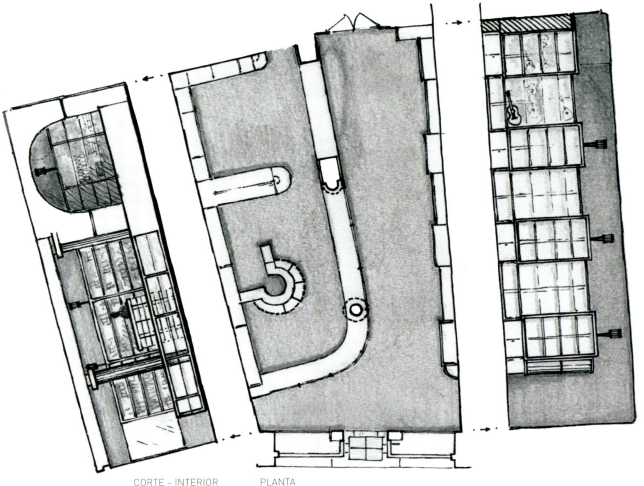

CORTE – INTERIOR   PLANTA

FACHADA

CASA CAIÚS
Rua Chã, 111-115

Ano/Autor: 1945 / J. Marques da Silva, Arq., António M. Soares, Arq., Ernesto F. C. Paiva, Eng.
Um dos últimos projectos em que participa J. Marques da Silva, no final de uma carreira que deixou marcas no enobrecimento arquitectónico e urbanístico da cidade. O estabelecimento evidenciava um desenho cuidado na concepção morfológica e uma fluidez na articulação interior entre espaços e volumes. Sentia-se uma unidade lógica caracterizada por mobiliário de parede «urbano», balcão encurvado trespassado por uma coluna de estrias espelhadas, cilindro sobreelevado da caixa e archotes modernos de preciosa execução a iluminar o espaço. Tudo se encontrava no lugar onde devia, parecendo impossível prever o terramoto que ali aconteceu em 2007, transformando o espaço num deserto (cerebral).

QUIOSQUE (ANTÓNIO BALTAZAR)
Praça de Mouzinho de Albuquerque

Ano/Autor: 1925 / António da Silva, M.Ob.

Os quiosques portugueses apareceram no século XIX, provavelmente por influência francesa e segundo uma adaptação do modelo preexistente no extremo oriente. A pequena construção, geralmente amovível, instala-se em locais públicos de grande acessibilidade e especializa-se na venda de jornais, revistas, tabaco, lotarias, bebidas, gelados e outros produtos simples, mas representativos da vivência quotidiana dos lugares urbanos. Este pavilhão octogonal destacava-se pela cobertura bolbosa e por um friso de azulejos figurativos, com uma animada sequência de miúdos brincando. A construção original foi removida do local e utilizada como modelo para os vários quiosques instalados na Avenida dos Aliados, durante as obras de requalificação urbana provocadas pela construção do Metro.

QUIOSQUE (ALBINO TEIXEIRA BRANDÃO)
Largo de Mompilher

Ano/Autor: 1930 / Amândio D. Pinto, Eng.
Construções delicadas por natureza, os quiosques vão sendo substituídos por outros que fazem perdurar a imagem morfológica característica. O quiosque construído para Albino Teixeira Brandão no tardio ano de 1930 consuma a demolição de um quiosque anterior e mantém uma estética de início do século. É intencional o uso de cores contrastantes e a principal característica está na cobertura em forma de tenda-chapéu, que evolui superiormente para um lanternim, rematado numa cobertura idêntica em miniatura.

QUIOSQUE (JOSÉ RIBEIRO GOMES)
Praça do Marquês de Pombal

Ano/Autor: 1930 / José dos Santos, Arq.
Apesar de uma tendência que permanece na imagem tipológica tradicional, é interessante verificar que as novas estéticas arquitectónicas começam também a transparecer nos projectos de quiosques. José dos Santos é o primeiro arquitecto a afirmar um desenho moderno nesta tipologia, impondo uma nova geometria que estabelece um volume paralelipipédico com portas, pilastras, frisos, cornija, platibanda, serralharias e estuques floridos segundo a nova estética *déco*.

FACHADA PRINCIPAL FACHADA LATERAL FACHADA POSTERIOR

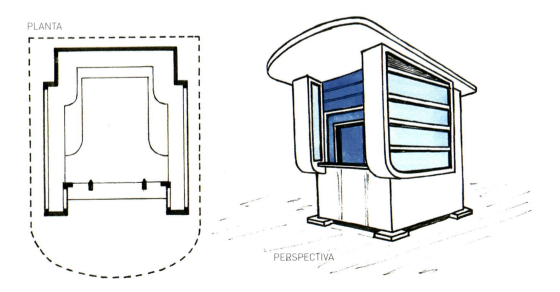

PLANTA PERSPECTIVA

QUIOSQUE (ANTÓNIO AUGUSTO)
Rua de Camões (junto da Estação da Trindade)

Ano/Autor: 1939-1940 / Artur Andrade, Arq.

Objecto desaparecido de extraordinária modernidade, foi considerado um novo tipo de quiosque pela Comissão de Estética, o que levantaria dúvidas a ser dissipadas com a sua construção em local de menor visibilidade urbana. Designado por quiosque tipo-carro, era um pequeno *stand* de gelados e jornais construído para António Augusto, que pretendia substituir os seus carrinhos de refresco. O volume amovível de contraplacado pousava no chão em quatro sapatas, os detalhes eram executados em cobre e alumínio e a pala inclinada anunciava o balcão, parecendo suportada por dois avanços laterais desmassificados em vitrines.

FACHADA

FARMÁCIA LEMOS & FILHOS, LDA.
Praça de Carlos Alberto, 29-31

Ano/Autor: 1780 (Fund.)

Fundada por iniciativa dos frades Carmelitas do Carmo, é considerada a farmácia mais antiga da cidade. Mais tarde, com a fundação do Hospital do Carmo em 1801, passaria a ser propriedade da Ordem Terceira de Nossa Senhora do Carmo. O percurso da família Lemos inicia-se em 1834 com António José Teixeira de Lemos e continua com o seu filho, que adquire contratualmente o estabelecimento em 1862, com o encargo simbólico-espiritual de manter a imagem de Nossa Senhora do Carmo. Na arcaria do interior, modernizado com apuro, sente-se o ambiente que fomentou tertúlias com personalidades ilustres das Ciências e das Letras e o espírito do longo caminho familiar percorrido.

FACHADA

CORTE – INTERIOR

PLANTA
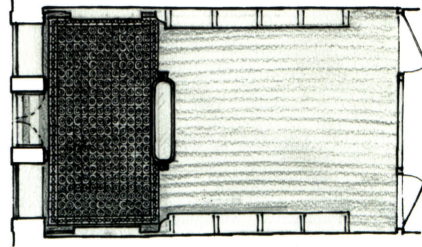

FARMÁCIA FIGUEIREDO
Rua de Cedofeita, 125

Ano/Autor: 1784 (Fund.)

A génese evolutiva da cura das maleitas do homem nas experiências de magos, feiticeiros, sacerdotes e a busca contínua de compostos de origem vegetal, animal e mineral destacam a especialização do boticário, futuro farmacêutico, como um interveniente social que se demarca claramente da lógica comercial. Esse orgulho profissional transparece nos espaços das farmácias, que devem ser entendidos no seu interior como uma sala de visitas enobrecida através do mobiliário, do tecto, do pavimento e de uma representação iconográfica simbólica. Será, eventualmente, a falta de conhecimento da tradição profissional reveladora de um sintoma doentio que tem permitido uma dramática demolição dos generosos interiores, substituindo o calor afectivo do espaço por uma fria modernização funcionalista. Tudo desapareceu nesta antiga farmácia, que permanece em actividade numa parcela vizinha.

FARMÁCIA ANTIGA DA PORTA DO OLIVAL
Campo dos Mártires da Pátria, 122

Ano/Autor: Final do século XVIII, início do século XIX
A designação desta farmácia apela á memória da antiga e monumental porta da muralha gótica, demolida no final do século XVIII. Os três vãos da fachada são dignificados com modinaturas estriadas e rosetões nos extremos. No interior destaca-se o tecto decorado em ritmados vegetalismos a envolver o símbolo de farmácia ao centro, o gradeamento separador, e sobre o balcão apresenta-se uma serpente enrolada e controlada na bicada de um animal fantástico. A presença constante do ofídio, para além da significação mitológica e simbólica, reside na observação natural da metamorfose de renovação da pele e também na perigosidade dos respectivos venenos que o conhecimento transformou em milagrosa cura.

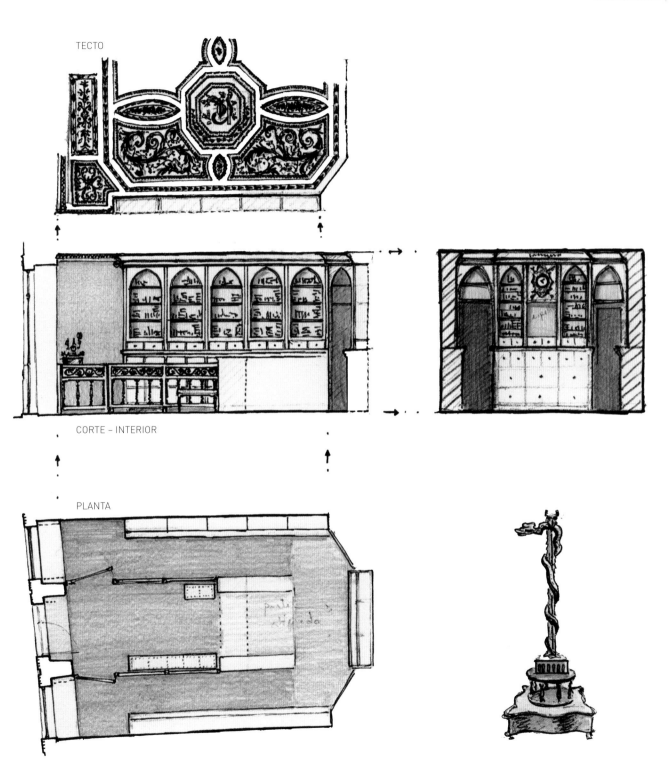

FARMÁCIA CAMPOS
Rua do Padre Luís Cabral, 943

Ano/Autor: Século XIX ■ 1886

Estabelecimento sucessor da antiga Farmácia Laranjeira, instala-se posteriormente neste local num edifício novecentista comum e revela a sua personalidade na dignificação do espaço interior. Este espaço constitui uma pérola tipológica do espírito tradicional farmacêutico, com vários bancos no anteespaço de recepção definido por uma grade metálica, e um quadrado forrado a mobiliário de estilo fazendo cenário aristocrático. A cancela da grade abre para uma atmosfera íntima, propiciando conversas que o modo torna informais e confidentes.

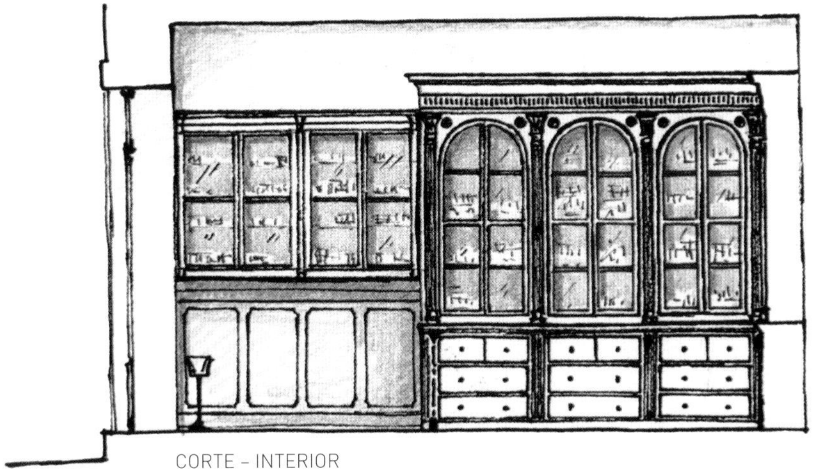

SAÚDE, BELEZA | 145

CORTE – INTERIOR

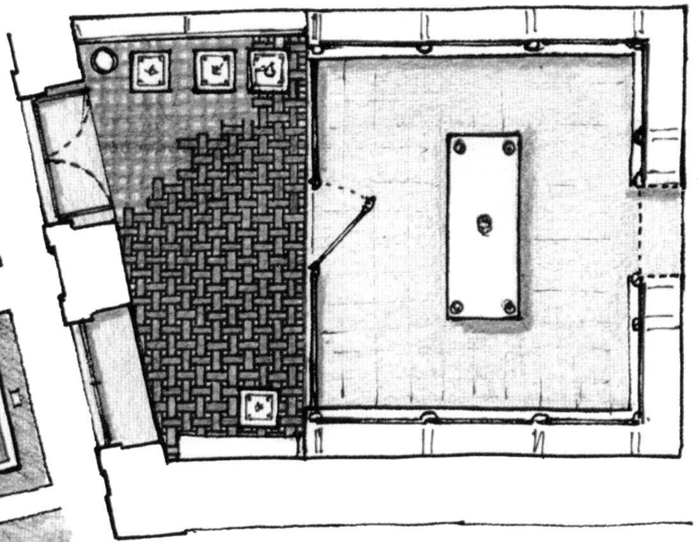

FACHADA

PLANTA

FARMÁCIA ALMEIDA CUNHA
Rua Formosa, 329

Ano/Autor: 1890 (Fund.) ■ 1908 / António F. M. Ramalhão, M.Ob. (T.R.)

A fachada tripartida em madeira ainda apresenta vestígios de arte nova nas portadas, mas as obras recentes de renovação foram uma oportunidade perdida na recuperação da imagem do projecto original. O belo tecto interior, com medalhões iluminantes envolvidos por grinaldas e flores e um friso de ornatos afins interrompidos por serpentes entrelaçadas á volta de um cálice, era acompanhado por mobiliário que lhe conferia uma globalidade estética nas intenções espaciais. Ao fundo, pela superfície envidraçada se acedia à zona de laboratório e armazém, onde se encontravam alguns garrafões cilíndricos revestidos por armações de palha.

ANTIGA PHARMACIA DO BOLHÃO
(ALMEIDA CUNHA, L.ᴰᴬ)
327, Rua Formosa, 329 — PORTO
Telephone, 4874
Especialidades pharmaceuticas.
Injecções. — Perfumarias.
Material e Reagente para Laboratorios.
Representantes em Portugal das Fundas M. BARRÉRE, de Pariz

SAÚDE, BELEZA | 147

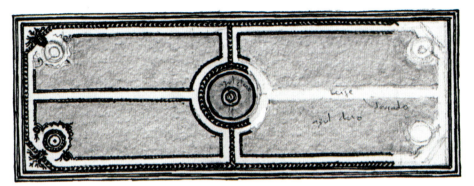
TECTO

FACHADA ACTUAL

CORTE – INTERIOR

FACHADA DE 1908

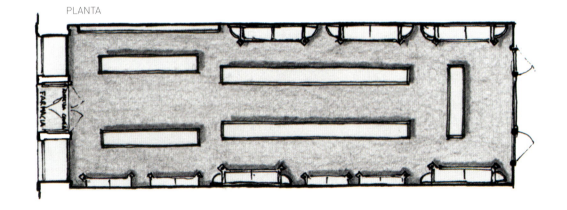
PLANTA

FARMÁCIA DO TERREIRO
Rua da Reboleira, 23

Ano/Autor: Final do século XIX ■ 1905
Pequeno espaço que devia estar classificado como valor patrimonial e arquitectónico, desde a serpenteante caixilharia da montra, ao interior revestido com mobiliário de arcos quebrados e caixilharia decorativa, até à grade ondulante que demarca o espaço de atendimento. Apesar da farmácia ter encerrado, reabriu outro negócio com gente nova que percebeu o valor do espaço e o manteve orgulhosamente, como uma dedicatória saudosa e sublinear à modernidade ignorante.

FACHADA

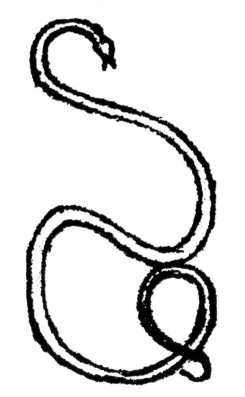

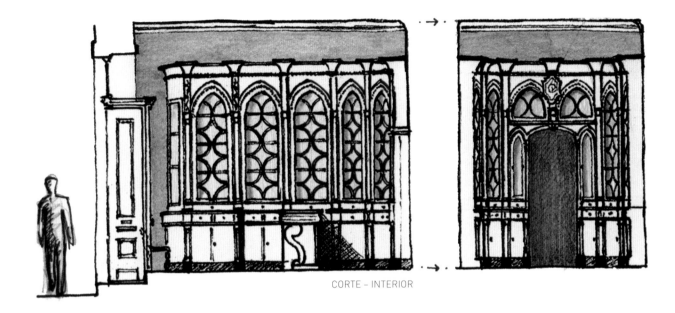

CORTE – INTERIOR

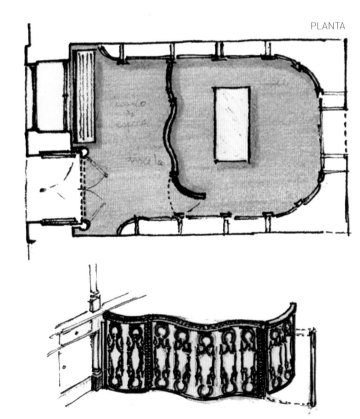

PLANTA

FACHADA

CORTE – INTERIOR

PLANTA

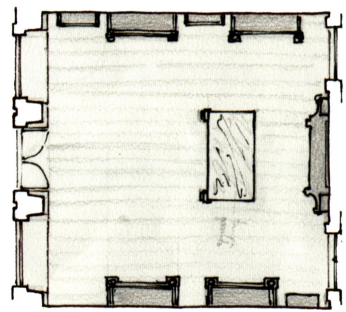

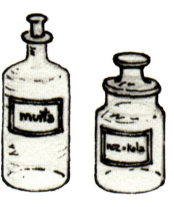

FARMÁCIA GUERRA
Rua de Costa Cabral, 43

Ano/Autor: Início do século XX

O estabelecimento está instalado num edifício do século XIX que manteve os vãos da fachada original e encerrou recentemente para obras. No interior havia um equilíbrio entre o espaço de atendimento e a disposição do mobiliário. Um móvel avançado servia de balcão e definia o espaço de serviço, com um espelho de parede entre duas portas arqueadas. O topo dos armários estava repleto de frascos de farmácia, situação característica na maioria destes estabelecimentos, destacando, de forma intencional, decorativos boiões e vasos de botica como evidência das raízes ancestrais.

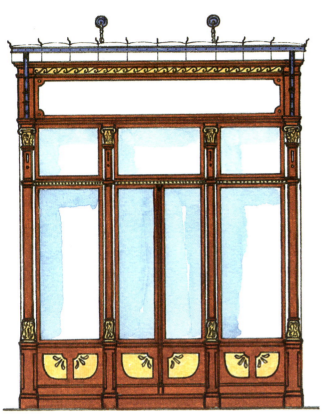

FACHADA

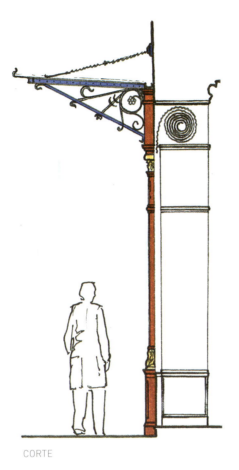

CORTE

PERSPECTIVA

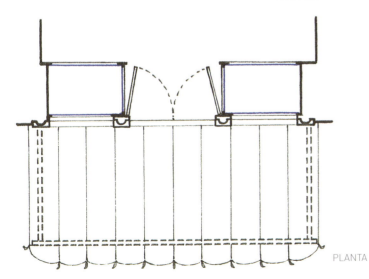

PLANTA

FARMÁCIA MARTINO
Praça do Marquês de Pombal, 122-124

Ano/Autor: 1912 / António Joaquim de Carvalho, M.Ob.

Formosa *devanture* em ferro construída para a farmácia Martino, evidenciando tramos de montras laterais a ladearem a porta, separados por colunas adossadas, e um alpendre em ferro e vidro fosco com dois apoios arte nova e tirantes superiores. Estes alpendres designados na época pelo francesismo *marquise* são um aspecto relevante da arquitectura do ferro que consubstancia alguma riqueza morfológica. A fachada foi demolida em 1952 e actualmente funciona neste local a Farmácia do Marquês.

FARMÁCIA ESTÁCIO – COMPANHIA PORTUGUESA DE HIGIENE
Rua de Sá da Bandeira, 120-122

Ano/Autor: 1923 ■ 1943 / Joaquim G. Moreira da Silva, M.Ob.
O estabelecimento fundado em Lisboa no ano de 1882 estava representado na cidade do Porto por uma filial, que moderniza a fachada em 1923 segundo uma linguagem ecléctica. O requintado interior encantava na cuidada disposição do mobiliário, intercalado pelo lambrim e pontuado de archotes eléctricos, destacando assentos laterais em couro junto dos espelhos e de um estranho aquário. A separação do laboratório e armazém era concretizada por uma superfície espelhada com duas portas laterais, sendo as restantes superfícies dignificadas por mármore no pavimento, um papel de parede de riscas douradas e um tecto com faixas geométricas estucadas. O encerramento, há poucos anos, e a posterior demolição do interior fizeram nascer um vazio perturbador de um estridente silêncio, reflexo de uma cidade que (actualmente) pensa o património arquitectónico como um museu de cera, de fachadas recuperadas sem alma nem coração.

SAÚDE, BELEZA | 153

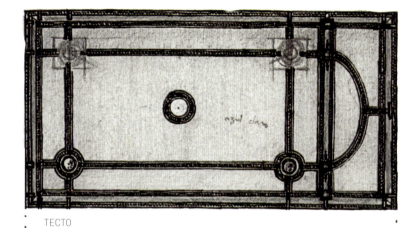
TECTO

FACHADA

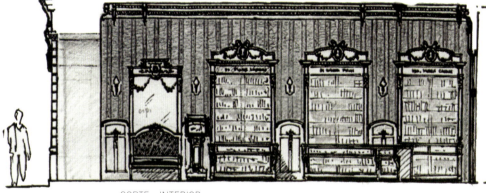
CORTE – INTERIOR

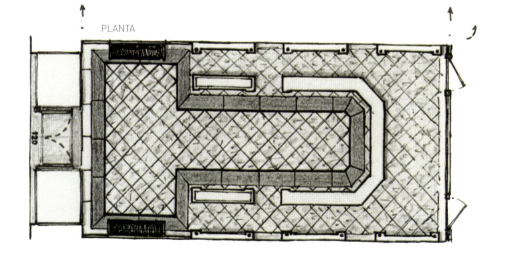
PLANTA

FACHADA

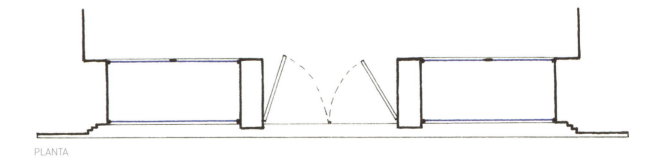

PLANTA

FARMÁCIA HIGIÉNICA (FLORES & COUTO)
Largo de S. Domingos, 106-108

Ano/Autor: 1931 / Manoel Pereira, Arq., J. Coelho de Freitas, M.Ob.
Instalada desde o início do século no Largo de S. Domingos, altera mais tarde a denominação para Farmácia Couto, disponibilizando produtos que ficaram famosos, tendo deslocalizado recentemente a sua actividade e encerrado o estabelecimento de origem. O projecto de alteração da fachada em 1931 é concretizado pelo autor que mais assumiu a estética *art déco*, recorrendo a uma lúcida composição que emoldura em mármore os vãos, insere letrismos expressivos e destaca a mais bela porta deste estilo com uma habilidade extrema na execução gráfica de linearidades ortogonais, curvas, espirais, e uma folhagem fresca que se espalha superiormente. Foi demolida nos anos 60.

FACHADA

PLANTA

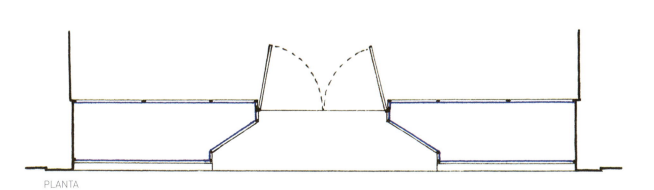

FARMÁCIA FALCÃO
Rua de Santo Ildefonso, 61

Ano/Autor: 1828 (Fund.) ■ 1937 / Leandro de Moraes, Arq.
Estabelecimento centenário localizado na Estrada velha da prata ou do pão, conforme a influência histórica, que recorda o complexo mineiro de grande actividade na época romana ou as azenhas e moinhos que produziam farinha na zona de Valongo-Penafiel. A fachada desta farmácia fundada em 1828 foi modernizada em 1937, tendo sido demolidas as sacadas e os mainéis do piso térreo, definindo um amplo vão envidraçado que recua na zona da porta central, emoldurado por mármore com duas faixas opostas a demarcarem os letrismos metálicos. Foi alterada na última década.

FARMÁCIA VITÁLIA
Praça da Liberdade, 34-37

Ano/Autor: 1932 / Manuel Marques, Arq., Amoroso Lopes, Arq.
Objecto arquitectónico com uma expressividade incomum. O geometrismo da fachada é servido por uma valorização linear de intensidades divergentes, decompondo-se num alucinante ritmo de caixilharias, e confrontando as superfícies num vivo jogo de alternâncias. Inscrita num enorme quadrado subdividido, a cruz suspensa é o coração da fachada, com veias de efeito progressivo que procuram as maciças faixas horizontais. A denominação afirma a escala urbana na parte superior e esconde-se na transição vidro-massa, como grãos de areia que acompanham a rua ou transparecendo sob o vidro canelado. O piso térreo é desmassificado em vidro nas montras e na dupla entrada recuada, em mármore preto no embasamento, e na camuflagem dos pilares com espelhos. O interior parece alimentar-se nos reflexos do movimentado *stress* citadino e na configuração urbana do mobiliário. Obra intemporal da arquitectura moderna portuguesa, teve uma intervenção recente infeliz e pouco informada que lhe retirou valor patrimonial.

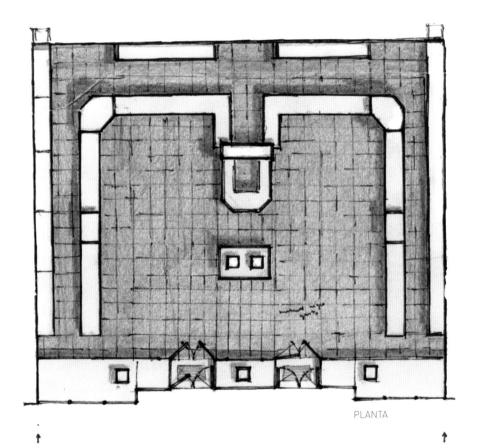
PLANTA

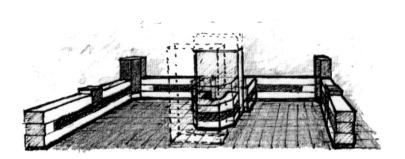

INTERIOR

FACHADA

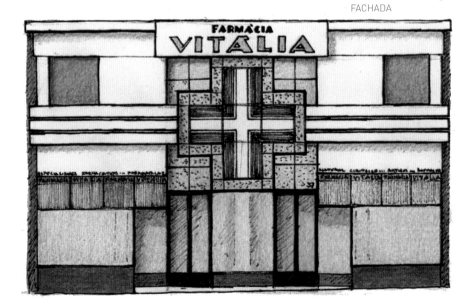

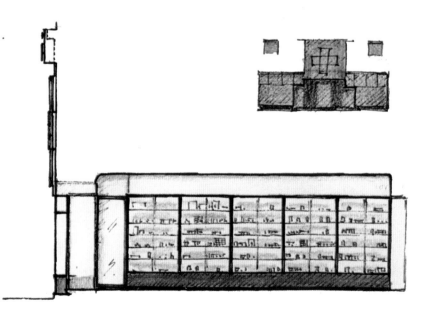

FARMÁCIA DOS CLÉRIGOS – INSTITUTO PASTEUR DE LISBOA
Rua dos Clérigos, 36

Ano/Autor: 1935 / Keil do Amaral, Arq., Júlio J. de Brito, Arq.

Em 1933 o Instituto Pasteur de Lisboa pretendeu modernizar a fachada do seu estabelecimento farmacêutico, com um projecto que apenas alterava o espaço da loja e sobreloja do arquitecto Leandro de Moraes, minado de excessos decorativos, situação que parece não ter agradado à empresa. Posteriormente, é concretizada uma nova encomenda a um dos mais prestigiados arquitectos da geração moderna, Keil do Amaral, acompanhado na cidade do Porto pelo influente Júlio J. de Brito. O surpreendente projecto apresentado previa a demolição total da fachada e impunha num difícil contexto histórico uma simples visão futurista, que configura um extraordinário entendimento geométrico das relações morfológicas do local. Numa rua inclinada com edifícios estreitos que relacionam a fenestração vertical com a horizontalidade das varandas salientes (aspecto de grande impacto urbanístico), a decisão cerebral subverte a lógica e remete para os vãos horizontais a leitura expressiva das varandas. Infelizmente o espaço do estabelecimento foi alterado, mantendo-se a leitura central das caixilharias que evoluem verticalmente para o símbolo da farmácia, estilizado na platibanda.

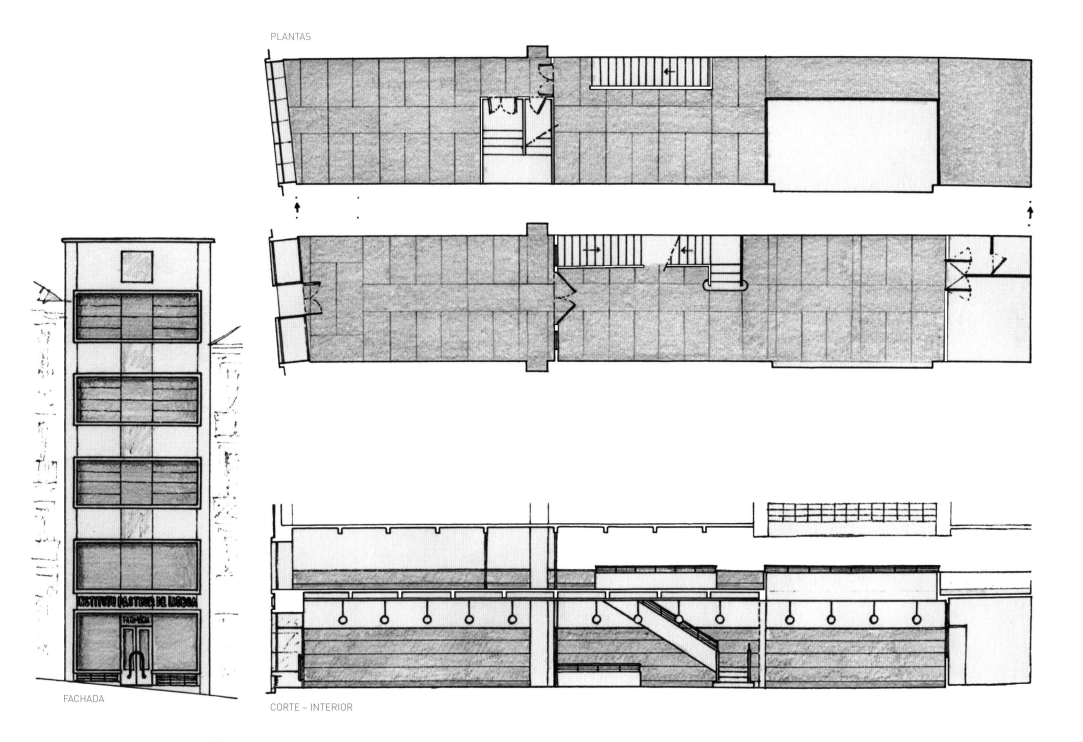

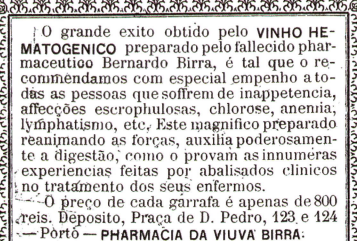

CORTE FACHADA

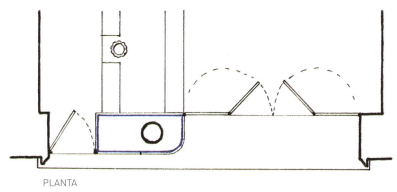

PLANTA

FARMÁCIA BIRRA
Praça da Liberdade, 123-124

Ano/Autor: Século XIX (Fund.) ■ 1943 / Januário Godinho, Arq.

Numa época de Guerra Mundial em que os principais monumentos eram protegidos por sacarias, à espera de um bombardeamento aéreo que felizmente nunca aconteceu, é curioso sentir as novas e amplas fachadas envidraçadas de alguns projectos comerciais. Neste caso, a proposta radical de Januário Godinho revela uma maturidade e uma segurança na composição geométrica, que destaca o valor supremo da complexa simplicidade na elegância da arquitectura. A moldura faz o enquadramento da superfície vítrea e uma verga demarca a sobreloja, apoiando a escrita livre que acompanha a entrada recuada do estabelecimento, numa geometria linear de caixilharias que dissimula as portas e esconde o pilar estrutural. O projecto foi chumbado pela Comissão de Estética e reaparece apenas com o piso térreo alterado nesta farmácia de grande tradição histórica na cidade.

FACHADA

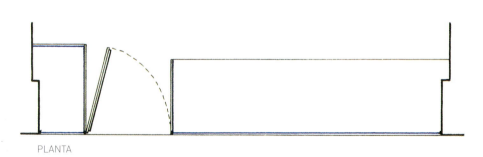
PLANTA

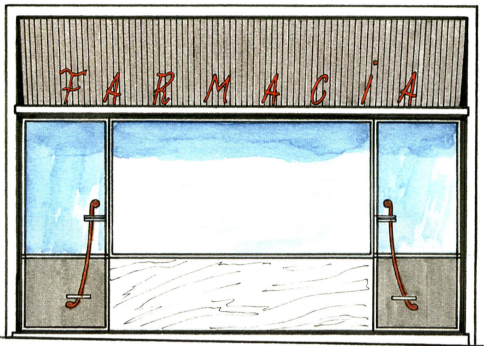
FACHADA

FARMÁCIA FERREIRA
Praça de D. Afonso V, 55B

Ano/Autor: 1956 / Augusto Amaral, Arq.
Construído a partir de 1953 e contrariando a censura, quase religiosa, do «estilo português», o bloco plurifamiliar do arquitecto Francisco Pereira da Costa é um gesto afirmativo da arquitectura moderna portuguesa, assumindo na imagem da praça uma sequência de pilares com uma galeria de estabelecimentos comerciais. O projecto da farmácia mantém a fachada e define um interior com sala de espera, laboratório e escritório, sendo entendido como um prolongamento da linguagem estética e arquitectónica do edifício.

FARMÁCIA
Rua do Bonfim, 328-332

Ano/Autor: 1958 / Jaime Nogueira de Oliveira, Eng.
Projecto de farmácia construído para o grande industrial Manuel Pinto de Azevedo que abrange a porta lateral de acesso aos andares no desenho geral simétrico. Destaca-se na parte superior a ondulação gráfica do fibrocimento inclinado e os letrismos espaçados. O estabelecimento encerrou na última década.

FACHADA

CORTE – INTERIOR

PLANTA

BARBEARIA
Muro dos Bacalhoeiros, 80

Ano/Autor: Início do século XX

A barba é um símbolo imemorial de coragem, virilidade e sabedoria, que transparece na iconografia dos Deuses e dos grandes personagens da história mundial, enfatizando o lugar dos barbeiros e seus instrumentos de corte e precisão como um espaço cerimonial de objectiva confiança. Este caminho por cima da muralha com uma toponímia que lembra os veleiros que iam à pesca do bacalhau, e o disseminaram na culinária de todo o mundo português, apesar da actual aparência habitacional também tinha espaços comerciais como esta desaparecida barbearia, absorvida (entretanto) pela unidade hoteleira que unificou várias parcelas. O interior era de uma arrumação sincopada que relacionava espelhos com tradicionais cadeiras metálicas rotativas, interrompidos por móveis pintados de verde-claro. Nas outras paredes, um lambrim com zona de espera e um lavatório, entre a porta de serviço e o sanitário.

SAÚDE, BELEZA | 163

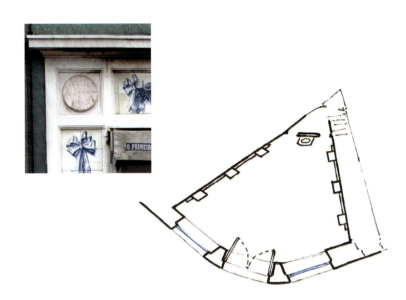

FACHADA

BARBEARIA VALENTIM RIBEIRO / actual tabacaria
Largo de S. Domingos < Rua de Mousinho da Silveira, 61

Ano/Autor: 1914 / F. Oliveira Ferreira, Arq.
A porta central na esquina orienta uma simetria definida pelo contorno dos três vãos, com mármore a emoldurar frisos decorativos representando grinaldas a segurar sequências vegetalistas pendentes. Esta dignificação arquitectónica mantém-se, contudo desapareceu há décadas o contributo decorativo arte nova que era revelado nas caixilharias ondulantes, nas guardas metálicas e nos suportes da tabuleta comercial.

BARBEARIA TINOCO / actual CABELEIREIRO SOUSA
Rua de Sá da Bandeira, 13

Ano/Autor: 1929 / Manoel Marques, Arq., José F. Penêda, Arq.
Dois nomes grandes do primeiro modernismo portuense uniram--se para desenhar esta pequena jóia escondida, que merece ser protegida e admirada pela surpreendente beleza arquitectónica. A fachada infelizmente alterada era definida pela marcação da entrada em mármore, libertando as caixilharias num jogo geométrico pontuado de efeitos *déco* e destacando o nome no centro vítreo. O interior encanta no gesto expressivo dos pormenores *art déco* que se espalham no desenho dos mármores, marcenarias, espelhos, lavatórios, candeeiros, letrismos e um insinuante pavimento de mosaicos em leque. Na sobreloja funcionava um calista e respectiva sala de espera.

SAÚDE, BELEZA | 165

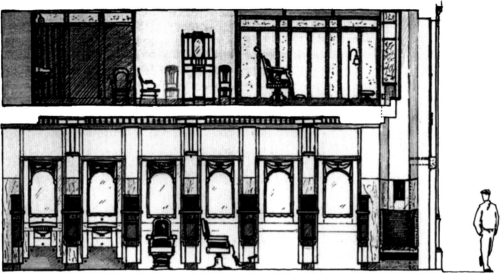
CORTE – INTERIOR

FACHADA

PLANTA
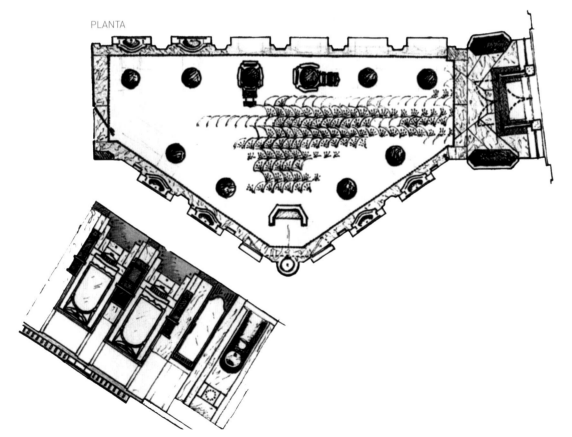

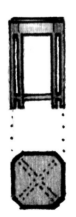

FACHADA

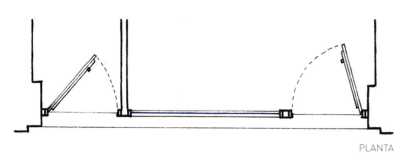

PLANTA

FACHADA

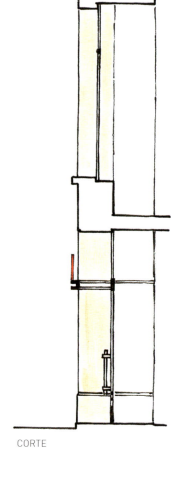

CORTE

BARBEARIA VENÊZA
Rua do Almada, 139

Ano/Autor: 1930 / Mário Filgueiras, Eng.
Estabelecimento de barbearia construído para a firma Braga, Rodrigues & Faria, apresentava duas portas simétricas a ladearem uma montra central e um friso horizontal a demarcar a bandeira com letrismos modernistas. Este espaço seria ocupado nos anos 50 pela loja de ferragens da Viúva Victória, sendo a barbearia deslocalizada para a Rua de Elísio de Melo (n.º 37) reutilizando parte do mobiliário caracterizador do ambiente interno original.

BARBEARIA PETRÓNIO
Praça da Liberdade, 32-33

Ano/Autor: 1939 / José F. Penêda, Arq.
Apesar de uma morte prematura, o autor deixou uma marca indelével na qualidade do património arquitectónico modernista da cidade do Porto. Esta barbearia construída para a firma Florêncio Teixeira & Silva, que consumou a demolição de uma *devanture* metálica pertencente ao Banco Comercial do Porto (fundado em 1835), rasgava dois grandes vãos no piso térreo e na sobreloja. O restante desenho era definido pelas caixilharias e por um friso metálico saliente com letrismos. Foi demolido no final do século XX e ocupado pelo Banco Pinto & Sotto Mayor.

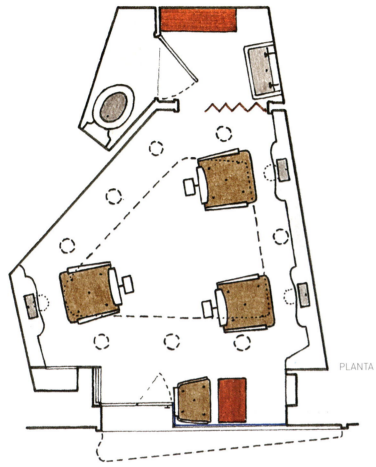

PLANTA

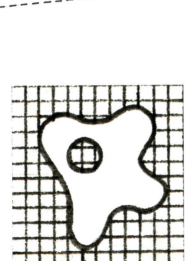

FACHADA

BARBEARIA CENTRAL
Rua de Rodrigues Sampaio, 138

Ano/Autor: 1950 / Viana de Lima, Arq.
Projecto exemplar da capacidade deste mestre da arquitectura portuguesa na definição de um programa de grande clareza num espaço de reduzidas dimensões. A fachada procura grandeza na moldura com azulejos pequenos, e o vão preexistente é ocupado por uma porta lateral, uma montra e uma bandeira de caixilhos basculantes demarcada por uma pala encurvada com letrismos de escrita livre. A pala projecta-se para o interior transformando-se em sanca, com iluminação difusa sobre as cadeiras giratórias, os lavatórios, e o revestimento parietal em madeira e espelhos. O espaço desapareceu no último quartel do século XX.

FACHADA

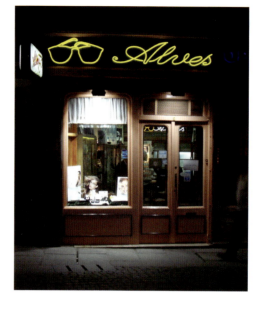

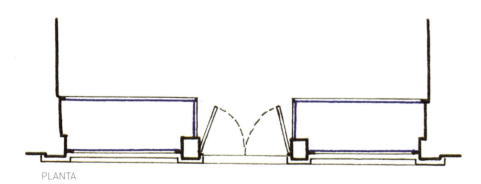
PLANTA

J. M. ALVES – ÓCULOS
Rua do Carmo, 9

Ano/Autor: 1910
Objecto com uma longa história de aprefeiçoamento e especialização, os óculos são um acessório fundamental que nos acompanha nos vários momentos da vida quotidiana. A *devanture* de 1910, posteriormente alterada, apresentava montras laterais e porta central entre duas pilastras com capitéis estilizados e decorações geométricas no embasamento.

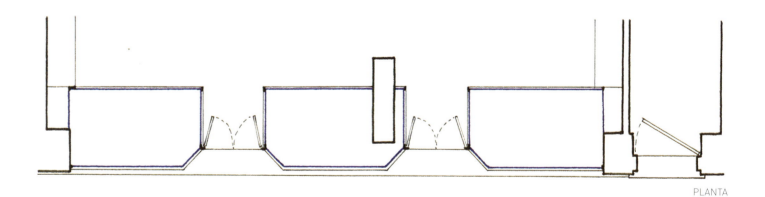

FACHADA

PLANTA

EMÍLIO DE AZEVEDO CAMPOS & FILHOS
Rua de 31 de Janeiro, 137-145

Ano/Autor: 1856 (Fund.) ■ 1944 / Amoroso Lopes, Arq.
Estabelecimento de óptica fundado em 1856 por José António Teixeira Rego, passando em 1877 para Emílio de Azevedo Campos, percursor de uma notável tradição familiar que permanece viva e reafirma a dignidade do arruamento. Este projecto de 1944 consuma a ampliação para o lote vizinho, unificando a imagem com uma superfície em vidro intercalada por duas portas recuadas e uma bandeira superior em vidro opalino com letrismos. O emolduramento é concretizado em granito polido que engloba a porta lateral arqueada.

FACHADA

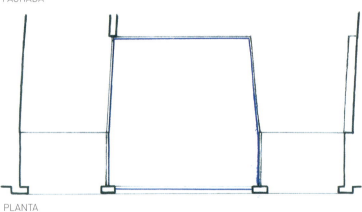

PLANTA

BACELAR & MARTINHO, LDA.
Rua do Carmo, 6-8

Ano/Autor: 1938 / Renato Montes, Arq.
Estabelecimento de material médico-cirúrgico que surge no início do século XX em local estratégico, próximo da antiga Escola Médica e do Hospital de Santo António. A fachada é alterada em 1938 com um projecto geométrico incomum, assumindo uma moldura envolvente revestida a mármore, com faixas horizontais no entablamento interrompidas por expressivos letrismos *déco*, e outras faixas a demarcarem o contorno das portas e o embasamento da ampla montra de letrismos inscritos.

SAÚDE, BELEZA | 171

FACHADA

KÉVEL – LABORATÓRIO DE QUIMIATRIA
Rua do Cativo, 22-24

Ano/Autor: 1938 / Renato Montes, Arq.

O projecto apresenta o desenho expressivo do arquitecto Renato Montes para a fachada dos laboratórios de quimiatria Kével, que seria concretizado com algumas alterações na Rua do Cativo. A fachada é enquadrada por um friso de azulejos negros, sendo o restante revestimento em mármore cinzento no entablamento e no embasamento, e uma superfície azulejada entre as duas portas, com quadrados negros a sobressair na alvura do fundo. Os letrismos *déco* são dispostos na vertical e as caixilharias geométricas evidenciam uma preciosa execução, nas serpentes enroscadas do monograma e na simetria de movimentos ondulantes e quebrados na união das portas de cada vão. Esta fachada devia estar protegida, pois é evidente o seu valor estético, arquitectónico e patrimonial.

CASA TORRE EIFFEL
Rua de D. Pedro, 137-141

Ano/Autor: Final do século XIX

A fantástica estrutura em ferro do símbolo máximo da Exposição Universal de Paris em 1899 provocou o fascínio no mundo e, certamente, em Camillo Martins de Araújo, que logo alterou o nome do seu estabelecimento de artigos ortopédicos e colocou a miniatura possível na fachada. Caso ainda existisse, seria a mais extraordinária tabuleta comercial da cidade, mas toda esta zona seria demolida para dar forma ao novo urbanismo da Avenida das Nações Aliadas.

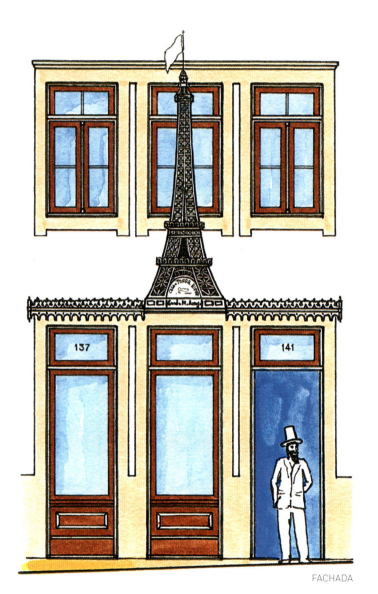

FACHADA

CORTE

SAÚDE, BELEZA | 173

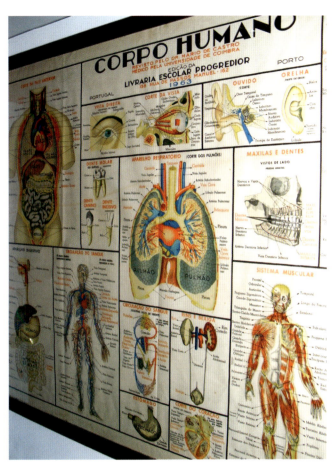

CASA XAVIER – ORTOPEDISTA
Rua dos Caldeireiros, 163

Ano/Autor: 1885 (Fund.)
Estabelecimento e oficina de aparelhos ortopédicos fundado em 1885 por Albino Pinheiro Xavier, que desenvolverá o ofício com reconhecido mérito e iniciará uma tradição familiar que permanece na actualidade com honra, fama e prestígio. No interior, as paredes evidenciam a foto do fundador e pormenores cartografados do corpo humano. O ambiente é tranquilo e permite um audível silêncio de confissões envergonhadas, momento gerador de uma resposta especializada que corrige histórias de infortúnio e atenua os factores de sofrimento.

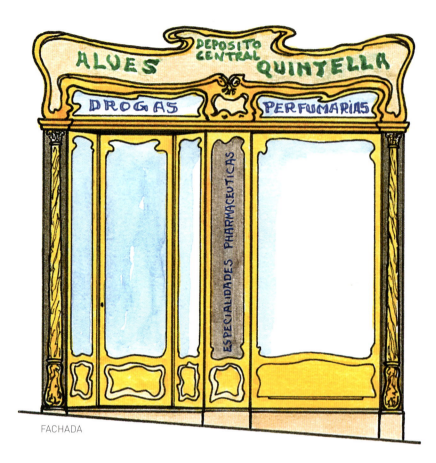

FACHADA

FACHADA

PERFUMARIA ALVES QUINTELLA
Rua de 31 de Janeiro, 144-146

Ano/Autor: 1910 / Joaquim Ferreira Barros, M.Ob.
Fachada arte nova que envolve os vãos com um revestimento em madeira, simulando colunas adossadas e um entablamento sinuoso com animados letrismos. A nova estética também se representava nas caixilharias desta loja, que viria a ser demolida em 1928 e substituída pelo Centro Fotográfico.

PERFUMARIA BOTELHO DE SOUZA
Rua de Santa Catarina, 34-36

Ano/Autor: 1917 / Carlos de Sousa, Arq.
Devanture de gosto ecléctico construída em madeira com pilastras laterais que avançam para abraçar a cornija arqueada. As caixilharias configuram o esquema tripartido e duplicam o efeito arqueado, onde são inseridos letrismos gravados no vidro. A fachada já não existe, provavelmente foi demolida em 1928 quando a empresa se deslocalizou para o número 48 com um novo estabelecimento chamado Perfumaria da Moda.

FACHADA

TINOCO – PERFUMARIAS / CUTELARIAS
Rua de Santa Catarina, 24-28

Ano/Autor: 1938 / José R. Lima Júnior, Eng. (T.R.)

Grande estabelecimento que mantém a imagem *art déco* correspondente á reforma de 1938, definindo três lojas facetadas na zona das portas recuadas, separadas por mainéis em mármore escuro e igual revestimento no embasamento. O emolduramento abrange uma porta lateral, estando previsto um revestimento em marmorite de tom creme com um contorno feito por cercaduras de mármore preto. Esse contorno faz uma ampliação quebrada para demarcar o tramo central, que recebe preciosos letrismos com o nome da loja acompanhado lateralmente pela identificação das especializações funcionais. A completar a imagem geral de saboroso efeito arquitectónico, a expressiva numeração implanta-se nas bandeiras, num equilíbrio lúcido com a definição das caixilharias metálicas das portas. Esta afirmação modernista é merecedora de protecção arquitectónica.

CASA OTHELLO / ACTUAL CASA MÉNAGE
Rua de Santa Catarina, 60

Ano/Autor: 1941 / João Queiroz, Arq.
Extraordinário projecto de um arquitecto empenhado em servir o gosto do cliente, mais do que um percurso profissional consciente, pois navegou nos eclectismos da mesma forma que afirmava modernismos ou defendia os valores do «estilo português». A fachada espanta na simetria dos vãos que destacam um círculo central e no soberbo efeito expressivo do revestimento em fibrocimento ondulado. O interior preexistente era condicionado por torções e pelo volume da escada do prédio que fraccionava o espaço. Contudo, esses constrangimentos provocam um hábil aproveitamento arquitectónico que impõe movimentos circulares de dissimulação da escada, recorrendo a uma modulação geral do mobiliário que expressa uma cuidadosa absorção dos veios da madeira, e sujeita o tecto a uma iluminação de círculos radiantes. Obra única de incompreendido valor arquitectónico que deve estar protegida na sua globalidade… para ser entendida e apreciada dentro de cem anos.

SAÚDE, BELEZA | 177

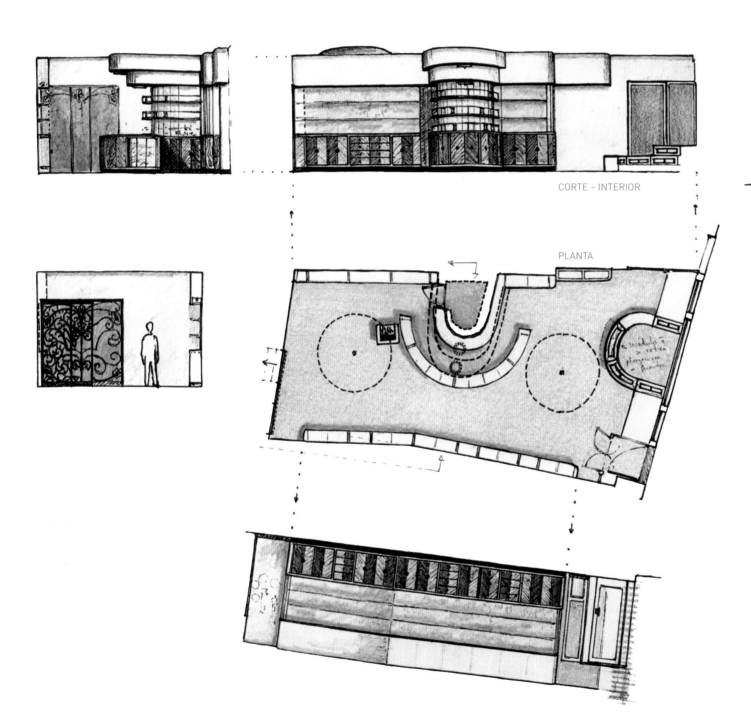

CORTE – INTERIOR

PLANTA

FACHADA

FACHADA

VACCUM OIL COMPANY
Rua do Infante D. Henrique, 87

Ano/Autor: 1926 / Joaquim F. M. Ramalhão, M.Ob.
O século XX pode ser entendido como a centúria do petróleo e derivados, disponibilizando combustíveis e óleos para servir a revolução técnica das novas máquinas que alteraram a noção do tempo e do espaço, transformando de forma radical os ritmos da vida humana. O projecto desta empresa internacional de combustíveis corresponde a uma alteração da fachada do seu armazém de candeeiros, numa altura em que as ruas e os estabelecimentos comerciais iluminados eram reflexos de modernidade urbana. Demolida em meados do século, apresentava um desenho ecléctico, definindo uma montra larga com caixilharia em ferro, emoldurada a mármore e destacando um resguardo em bronze no embasamento.

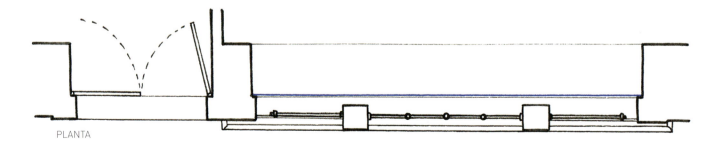

PLANTA

FACHADA

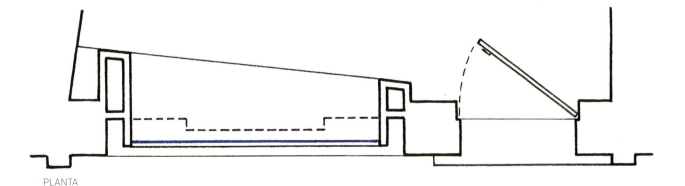

PLANTA

SHELL COMPANY OF PORTUGAL
Rua de Mousinho da Silveira, 246

Ano/Autor: 1951 / João Andresen, J. Archer de Carvalho, Arq.
Projecto radical para mudar a imagem estética de uma empresa que desejava afirmar uma linguagem moderna, compatível com a sua atitude num mercado concorrencial. Pressente-se uma colagem explícita ao efeito da anunciada revolução televisiva na expressiva montra que se destaca como a superfície do ecrã que dá as novidades do mundo. Esse destaque transparece ainda mais pela simplicidade geral das molduras, bandeiras e porta que a acompanha. Infelizmente foi demolida poucos anos após a sua construção.

FACHADA

PERSPECTIVA INTERIOR

GARAGE MINERVA – CASAL, IRMÃOS & C.ª
Rua de José Falcão, 75

Ano/Autor: 1908 / Domingos Duarte, M.Ob.

A substituição do animal-cavalo pela máquina-cavalo provocou a progressiva troca tipológica da cavalariça e cocheira pela «garage» com oficina, recolha e, pontualmente, *stand* de exposição e venda. Em 1908 os irmãos Casal ocupam este edifício ecléctico para estabelecerem a sua garagem, que receberia o nome da marca de automóveis Minerva, da qual eram agentes exclusivos. O edifício apresentava três vãos envidraçados e pela larga porta central se acedia ao extenso salão interior com uma galeria superior. A escultura da deusa do engenho prestigiava a fachada do edifício, que viria a ser demolido nos anos 50 com a intenção de libertar o terreno para a construção da Rua de Ceuta.

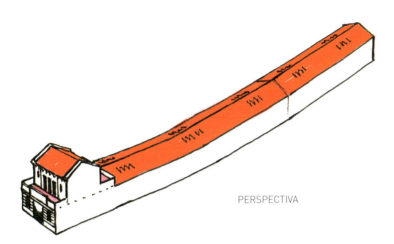
PERSPECTIVA

FACHADA

STAND AMERICANO – FORD
Rua de S. Lázaro, 199

Ano/Autor: 1909 / Joaquim Souza Braga, M.Ob. (T.R.)

O edifício ecléctico de tendência arte nova construído para Albino Moura & C.a, agentes gerais da marca Ford em Portugal, apenas releva a assinatura do mestre-de-obras no termo de responsabilidade parecendo, contudo, haver uma assinatura camuflada de um engenheiro ou arquitecto portuense. A fachada definia um piso térreo rusticado com um belo portão gradeado, dando acesso aos vários serviços disponibilizados no comprido armazém interior. O escritório encontrava-se no piso superior de madeira, evidenciando um esforço decorativo nas caixilharias com vidros e nos frisos de azulejos. Desapareceu infelizmente em meados do século, como aconteceu com muitos outros que apresentavam excessos decorativos e se envergonhavam perante a nova estética modernista que procurava a simplicidade linear.

STAND CITROEN / actual CASA INGLESA
Rua de Passos Manoel < Rua de Santa Catarina, 84

Ano/Autor: 1920-1923 / F. Oliveira Ferreira, Arq., Rogério R. Vilares, Arq.
Nos anos 20 o automóvel ocupa um lugar de prestígio no tecido comercial, instalando-se a sua venda em locais que afirmassem o esplendor da marca através de grandes montras que iluminavam o sonho incandescente do olhar passante. Neste edifício, as pilastras colossais dividem os tramos, ocupados por montras com colunas destacadas, e o frontão da esquina enobrece a entrada acompanhada por montras laterais, que permitiam a manobra da saída dos automóveis, vista como um acontecimento festivo de endeusado efeito estampado no rosto e nas mãos que seguravam o sonho alcançado. O espaço foi ocupado nos anos 30 pela Casa Inglesa, mantendo-se contudo o pavimento decorativo original e o belo enquadramento da pequena escadaria marmórea, que serve de base a uma zona espelhada dignificada com duas esculturas a suportarem lampiões.

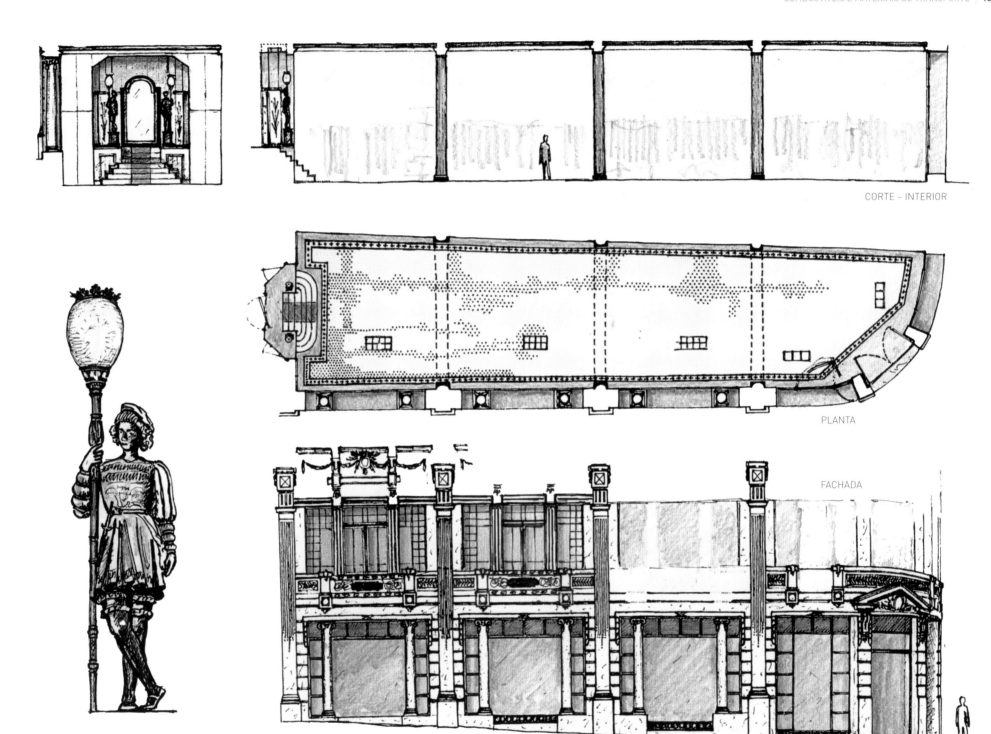

FACHADA

PLANTA

FACHADA

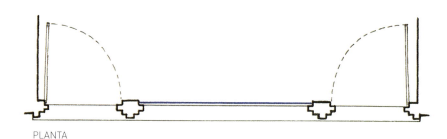

PLANTA

STAND INVICTA (ROCHA BRITO, FILHOS & C.ª)
Rua de Santa Catarina, 253-255

Ano/Autor: 1926 / F. P. Mota Coelho, Arq.
Os estabelecimentos de venda de automóveis, localizados no estreito parcelamento citadino, ficam extremamente condicionados no seu desenho pela necessidade de uma porta larga, factor que passa a constituir uma característica tipológica da sua arquitectura. O Stand Invicta apresentava um emolduramento geometrizado com a numeração e o nome no entablamento, rematado por uma cornija saliente. Nas pilastras destacavam-se marcas de automóveis e volumes facetados com vasos florais decorativos num sabor estético *art déco*. As montras laterais recuavam em linha quebrada até à dupla porta com vidros biselados, libertando espaço para os quadradinhos que derramam luz sobre o pavimento geométrico. A loja foi alterada em 1947 de uma forma que consubstanciou a sua demolição.

AUTOMOTIVE AGENCIES, LDA.
Rua de Sá da Bandeira, 136-140

Ano/Autor: 1928 / João Queiroz, Arq.
O automóvel como símbolo da modernidade justifica, também, projectos de arquitectura modernos. Esta fachada em cimento de rigorosa geometria procura envolver as superfícies de vidro, desde a grande montra central para exposição e servidão dos automóveis, até às portas laterais com a numeração inscrita. Nas bandeiras das portas, o vidro fosco anuncia linhas quebradas e a parte superior do entablamento inspira velocidade gráfica no símbolo e nos letrismos. A iluminação nocturna fez ressaltar esta expressividade etérea até à demolição nos anos 60.

FACHADA

FACHADA

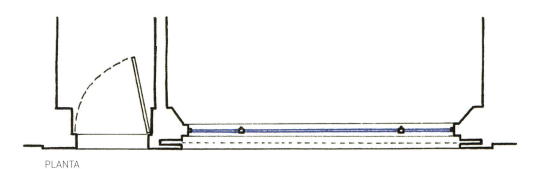
PLANTA

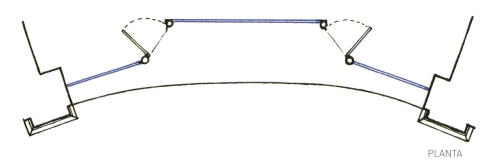
PLANTA

STAND MÁRIO FERREIRA, LDA.
Rua de Sá da Bandeira, 110-116

Ano/Autor: 1930 / Jorge V. Bastian, Eng.
O Stand Mário Ferreira, Lda. já existia desde o início do século noutro local do mesmo arruamento, tendo-se deslocalizado em 1930 para um espaço mais central. A fachada configura um emolduramento marmóreo, enquadrando a porta animada na geometria da caixilharia e uma ampla montra afirmando uma sobriedade intencional para destacar a exposição das viaturas. O estabelecimento foi ocupado pela empresa de Rocha Brito nos anos 50, sendo demolido posteriormente.

STAND AUTO
Praça do General Humberto Delgado, 321

Ano/Autor: 1933 / Manuel Marques, Arq., Amoroso Lopes, Arq.
Projecto de um estabelecimento de automóveis, construído para César Augusto Bordalo, instalado num edifício recuado que segue a proposta urbanística concheada no remate superior da Avenida dos Aliados, mais tarde abandonada. O desenho evidenciava o requinte usual nesta dupla de arquitectos modernistas, no cuidado tratamento das caixilharias a definir a geometria das superfícies vítreas, interrompidas por pilares metálicos a marcarem as portas recuadas. Infelizmente o piso térreo foi alterado nas décadas posteriores.

STAND PALACE (MACHADO & BRANDÃO)
Rua de Sá da Bandeira, 198

Ano/Autor: 1927 / Alberto F. Gomes, Arq. ■ 1946 / Germano de Castro, Arq.

O projecto de 1927 alterou a fachada num tardio gosto ecléctico mas com uma dignidade que o diferenciava dos estabelecimentos congéneres. O emolduramento tinha bases em mármore, sendo usado (no restante) o cimento com uma cercadura decorativa, volutas nos cantos com grinaldas, demarcando o nome da loja ao centro. Na animada caixilharia sobressaíam as vitrines destacadas, com cúpulas e candeeiros exteriores pendentes. Esta fachada foi substituída em 1946 por um estabelecimento de acessórios de automóveis. No interior ainda resiste o pavimento em mosaico e um surpreendente lambrim de azulejos com representações iconográficas únicas. Na parte superior destacavam-se três pinturas com o ambiente devastador dos campos da Primeira Guerra Mundial e algumas viaturas da Cruz Vermelha a providenciarem assistência médica. O estabelecimento encerrou, sendo urgente a classificação arquitectónica e patrimonial do esquecido lambrim interior, que merece uma recuperação criteriosa na previsível futura recuperação do imóvel.

COMBUSTÍVEIS E MATERIAIS DE TRANSPORTE | 187

FACHADA DE 1927

CORTE – INTERIOR

FACHADA DE 1946

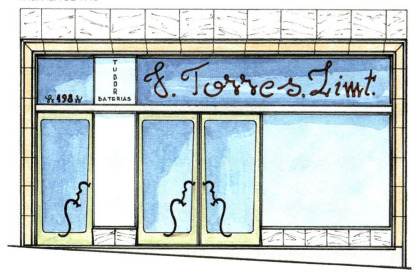

PLANTA

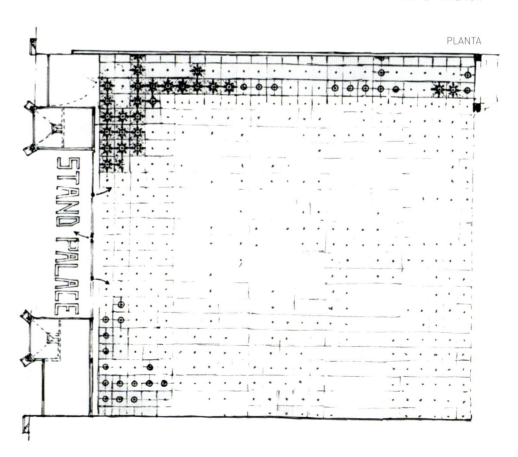

STAND AUTO-GARAGEM PASSOS MANOEL (AMORIM, BRITO & SARDINHA, LDA.)
Rua de Passos Manoel, 176

Ano/Autor: 1937 / Mário Abreu, Arq., António T. Rego, Eng.
A modernidade das máquinas perpassa para os hábitos comuns do quotidiano, tendo óbvias repercussões no espaço público e nas tipologias arquitectónicas que, acompanhando estéticas pioneiras, desenvolvem garagens individuais e colectivas, oficinas e *stands* de exposição e venda. Unindo todas estas funções e acrescidas outras comodidades, o edifício da garagem surge grandioso, impressivo, quase estranhamente compulsivo nos excessos vocabulares. O piso térreo, amplamente desmassificado, é marcado por um expressivo pilar que protege a caixa vítrea do *stand* automóvel, de cuidada caixilharia. Este é dignificado de forma sumptuosa nas composições geométricas do pavimento, na sugestiva parede *art déco* que associa os veios ondulantes do mármore aos vitrais de fantasia, e num tecto com bacias escavadas de efeitos néon. Ultimamente, a sua extraordinária qualidade arquitectónica tem sido camuflada de forma pouco inteligente, pois não se aproveita a beleza do espaço para realçar o produto exposto. Obviamente, esta pequena parte do edifício global devia ter uma protecção arquitectónica específica.

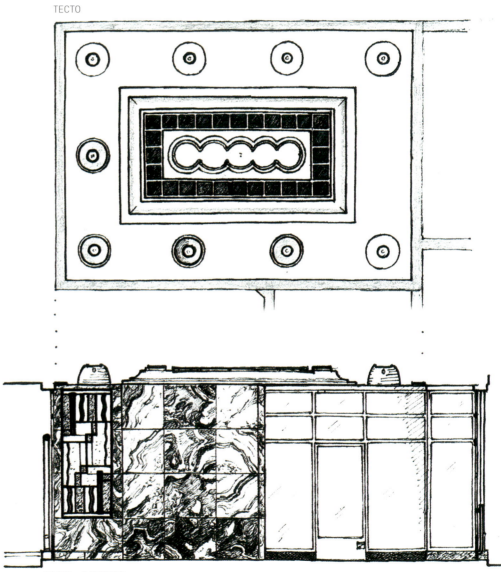

COMBUSTÍVEIS E MATERIAIS DE TRANSPORTE | 189

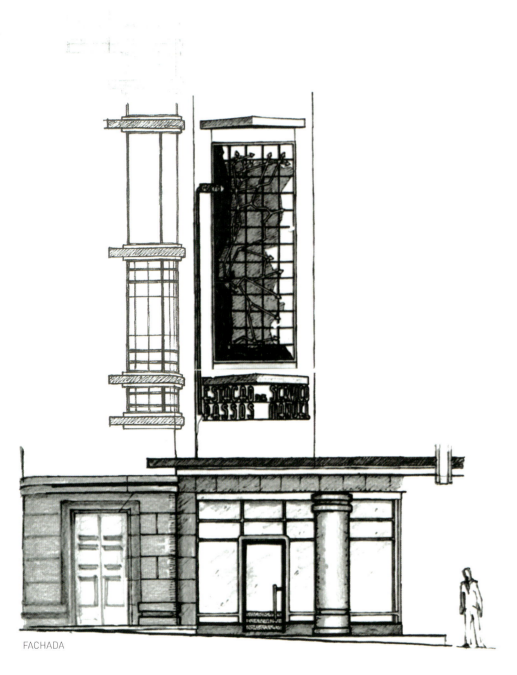

FACHADA

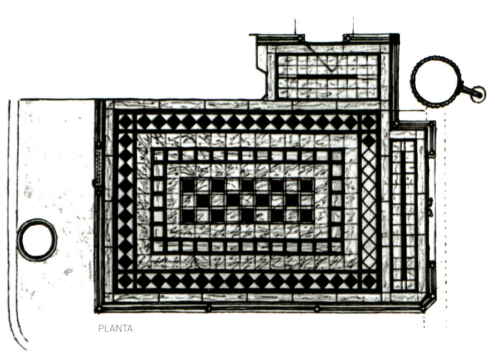

PLANTA

FACHADA INTERIOR

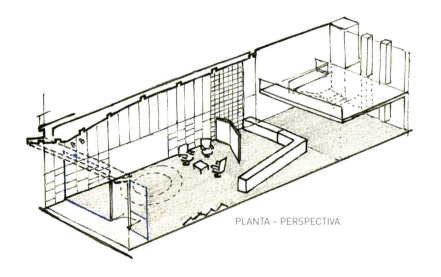
PLANTA – PERSPECTIVA

FACHADA

J. J. GONÇALVES, SUCRS.
Rua Formosa, 321

Ano/Autor: 1956 / Eugénio G. Alves de Sousa, Arq.
Estabelecimento de acessórios de veículos motorizados que concretiza a demolição de três vãos ogivais do edifício preexistente, definindo um enquadramento em granito polido que envolve uma superfície em vidro, demarcando a porta descentrada na caixilharia em ferro. A pala inclinada exterior, com letrismos vigorosos, prolonga-se no interior através da ondulação de um tecto falso pontuado de luz. O espaço interior de exposição, reuniões, serviço de balcão, armazém e uma varanda-galeria superior é acompanhado por mobiliário e materiais prensados no revestimento das paredes. Por volta dos anos 80 o espaço foi ocupado e alterado por outro estabelecimento.

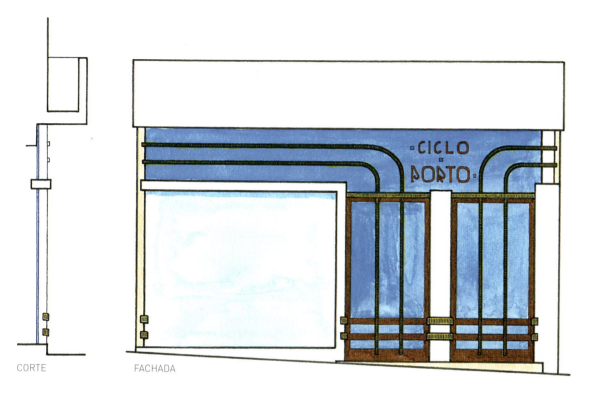

CORTE FACHADA PLANTA

CICLO-PORTO (JOSÉ DOS SANTOS BRAGA)
Rua de Santa Catarina, 354-356

Ano/Autor: 1936 / Artur Almeida Júnior, Arq.

Esplêndido projecto de um autor livre no traço e na ideia da arquitectura como um espaço criativo descomprometido, que deambula no raciocínio lógico de natureza pessoal. A varanda é massificada e funciona como uma platibanda suspensa, provocada pelo vazio da bandeira contínua. As portas laterais gémeas são unidas por uma pilastra, interrompida na bandeira pelo nome metálico inscrito no vidro. As caixilharias exprimem as portas, impondo listras horizontais no embasamento que se dissimulam em prolongamentos na massa e afirmando listras verticais com um comportamento excêntrico e desviante até à horizontalidade na bandeira. Uma moldura inacabada em cimento define a montra, que pousa no chão. Todo o edifício foi demolido em 1959.

CAFÉ LEÃO D'OURO
Praça da Batalha, 133-134

Ano/Autor: 1889 (Fund.) ■ 1913 / António F. M. Ramalhão, M.Ob. ■ 1929 / Joaquim M. Jorge, Eng. (n.º 137) ■ 1934 / Joaquim M. Jorge, Eng.

A construção do caminho-de-ferro até à Estação de Campanhã, o tabuleiro superior da Ponte de D. Luiz I e a proximidade de ruas comerciais foram aspectos fundamentais na dinâmica dos afluxos populacionais temporários que convergiam para a Praça da Batalha, que rejuvenesceu em teatros, cinemas, hotéis e cafés. Sucedendo ao popular Café da Comuna conhecido pelas tertúlias políticas, o Café Leão d'Ouro abriu em 1899 no edifício do Hotel Sul-Americano. Em 1913 foi ampliado com uma sala de bilhar e a fachada dignificada com uma *marquise* em ferro e vidro. O estabelecimento voltou a ser renovado em 1929, com um projecto ecléctico de tardia inspiração arte nova misturada com apontamentos *art déco*. O mesmo autor concretizou em 1934 a ampliação para o lote vizinho, com uma fachada de cuidado desenho *art déco*. Essa fachada ainda existe, mas o café foi ocupado por outro tipo de comércio, e a fachada do lugar original demolida e substituída pelo Café-Snack Tropical, que, contudo, manteve preciosos pormenores *déco* no interior, com destaque para duas belas figuras escultóricas. Os elementos sobreviventes têm valor arquitectónico e patrimonial.

... À VOLTA DE UM CHÁ | 193

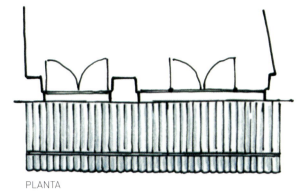
PLANTA

CORTE

FACHADA DE 1913

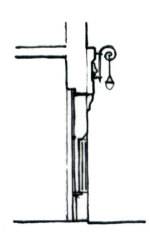

FACHADA DE 1929

FACHADA DE 1934

CORTE

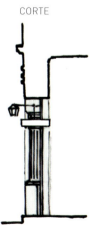

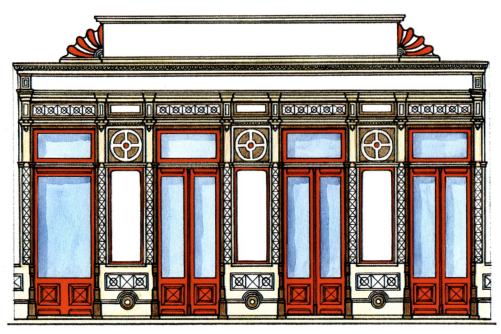
FACHADA

FACHADA

CASA DAMAS
Praça de Carlos Alberto, 1-4

Ano/Autor: 1833 (Fund.) ▪ 1908 / José D. Faria dos Santos, M.Ob.

O estabelecimento de Manuel J. Ferreira & Filhos concretizou uma renovação da fachada no início do século XX, embelezando a imagem desta confeitaria fundada em 1833 com um guarnecimento de madeira moldurada a envolver as quatro portas do piso térreo. O desenho apresentava alguma riqueza decorativa com frisos, colunelos, cercaduras, cornija e um espaço superior para tabuleta comercial com extremidades de efeito alado. Essa fachada foi modernizada em 1933 com um revestimento em mármore e seria demolida em 1956.

CONFEITARIA OLIVEIRA – FILIAL
Rua de 31 de Janeiro, 185

Ano/Autor: 1917 / Leandro de Moraes, Arq.

Fundada em 1894 na Praça de Carlos Alberto pelo afamado confeiteiro José Miguel de Oliveira, esta casa viria a alcançar a distinção suprema com o diploma de fornecedor da Casa Real passado pelo Rei D. Carlos. Em 1917 abria esta filial com um requintado restaurante no primeiro andar e um salão de chá no piso térreo, do qual ainda são visíveis os estuques geométricos do tecto e duas angélicas figuras a amparar um monograma. A fachada ecléctica era revestida a mármore com alguns motivos decorativos em bronze, sendo a montra arqueada protegida por resguardos em ferro e iluminada por globos pendentes. Foi demolida em 1937 e substituída por um moderno estabelecimento de malas.

FACHADA

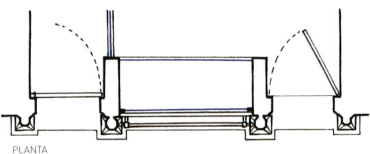

PLANTA

FACHADA

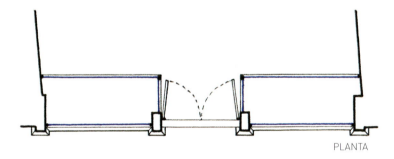

PLANTA

CONFEITARIA CASA LIÉGE
Rua de Cedofeita, 249-251

Ano/Autor: 1919 / Pedro C. A. Pézerat, Eng.
Projecto ecléctico de remodelação da fachada e ampliação para o interior do logradouro com uma fábrica de confeitaria, bolachas, rebuçados e amêndoas. Uma estrutura de cimento armado na fachada é camuflada pela *devanture* de madeira, com montra central ladeada de portas, assumindo uma postura enobrecida por ornatos historicistas, com pináculos, merlões, cartelas e uma romântica grinalda ao centro. Foi demolida em meados do século XX.

CONFEITARIA COSTA MOREIRA
Largo dos Poveiros, 118

Ano/Autor: 1927 / António Joaquim de Carvalho, M.Ob.
O ciclo das Descobertas provocou uma circulação intensa de produtos, fomentando novos gostos e hábitos no uso do açúcar, chocolate, café, chá, canela, entre outros, fundamentais para a diversidade exposta nas confeitarias de cada cidade. A confeitaria Costa Moreira tem raízes no século XIX e foi-se afirmando pela qualidade dos seus produtos, justificando a disseminação comercial em vários estabelecimentos. Apresenta-se a loja do Largo dos Poveiros com uma *devanture* de madeira que segue a tipologia tripartida comum. Nos anos 50 este estabelecimento é modernizado, tendo encerrado há cerca de uma década. Contudo, sobreviveram os outros estabelecimentos, que mantêm o prestígio da tradição familiar centenária.

CONFEITARIA DO BOLHÃO (MATHIAS, LDA.)
Rua Formosa, 339

Ano/Autor: 1928 / Amoroso Lopes, Arq.
Projecto com uma segura geometria enfatizada pelo revestimento em mármore, que destaca faixas ornamentadas com relevos vegetalistas e uns saborosos letrismos metálicos *art déco*. O emolduramento da loja tripartida apresenta mármore escuro na base das montras laterais e absorve a porta de serviço e uma pequena abertura superior com um prolongamento das linhas marmóreas. No interior são definidos dois espaços, a zona de atendimento da confeitaria, com mobiliário e superfícies espelhadas de linhas rigorosas, e um salão de chá, com um sugestivo enquadramento *art déco* de grinaldas e festões estilizados nas pilastras duplas e no tecto, acompanhado por espelhos e um gradeamento decorativo com aparência de vitral. Apesar de recentemente recuperado, este espaço é merecedor de protecção arquitectónica.

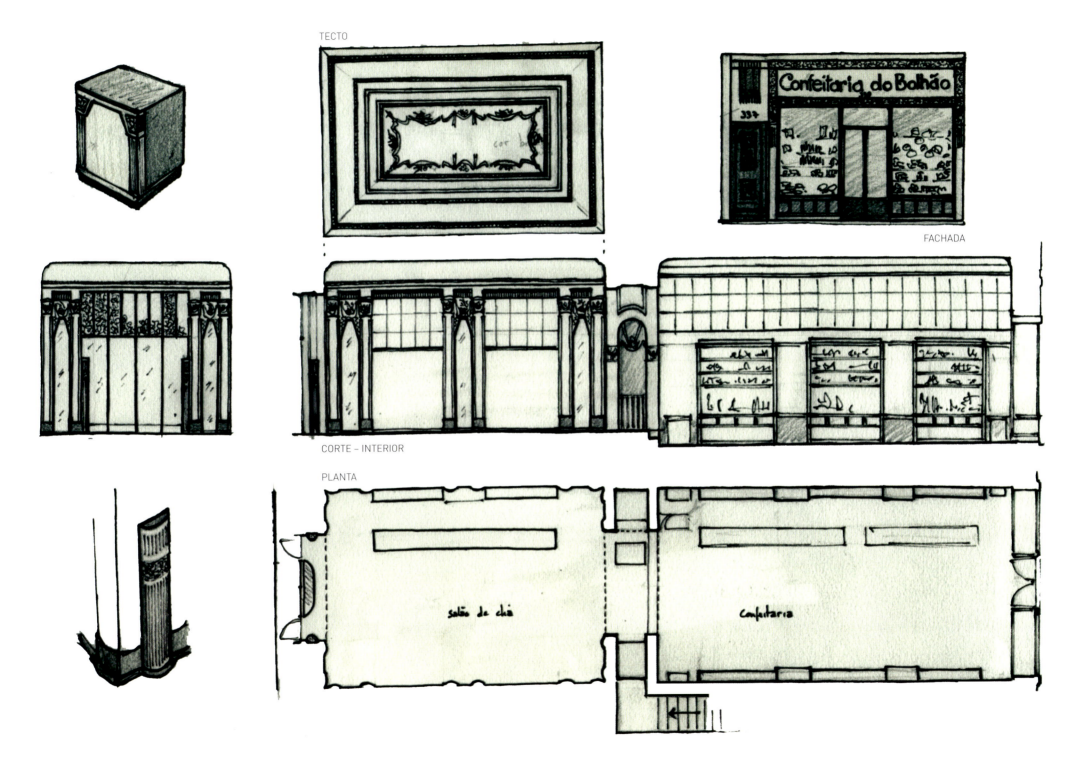

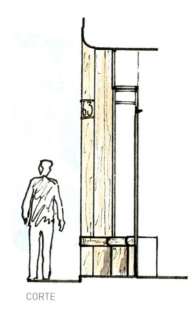
CORTE

FACHADA

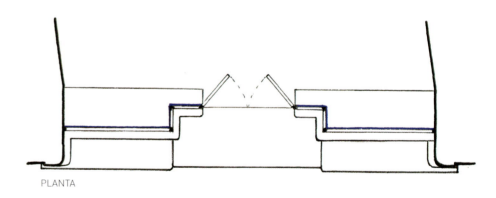
PLANTA

CONFEITARIA ARCÁDIA
Praça da Liberdade, 63 < Rua do Almada, 26

Ano/Autor: 1933 / José F. Penêda, Arq. ▪ 1938-1947 / Ernesto F. C. Paiva, Eng.

Nascido da iniciativa progressista de Manuel C. P. Bastos e de Manuel R. Gonçalves Júnior, este magnífico estabelecimento aliava o requintado serviço a um ambiente estético onde imperava o bom gosto. A fachada apresenta uma moldura boleada em mármore envolvendo o esquema tripartido, com caixilharias que se aproximavam da porta central, e inseria letrismos e numeração *art déco* de expressivo efeito. O interior procurava ampliar-se no reflexo das vitrines espelhadas, que apenas se interrompiam para definir os tramos da estrutura revestida a mármore, disfarçadas por faixas de luz no tecto. O pavimento geométrico encaminhava-nos para um belo desenho figurativo no vidro cinzelado, onde se fazia a transição para um espaço mais recatado na cave ou se acedia a um prolongamento superior do salão, com porta e montra viradas para a Rua do Almada. Os ventos do ignorantismo passaram por aqui há poucos anos numa reforma difícil de compreender.

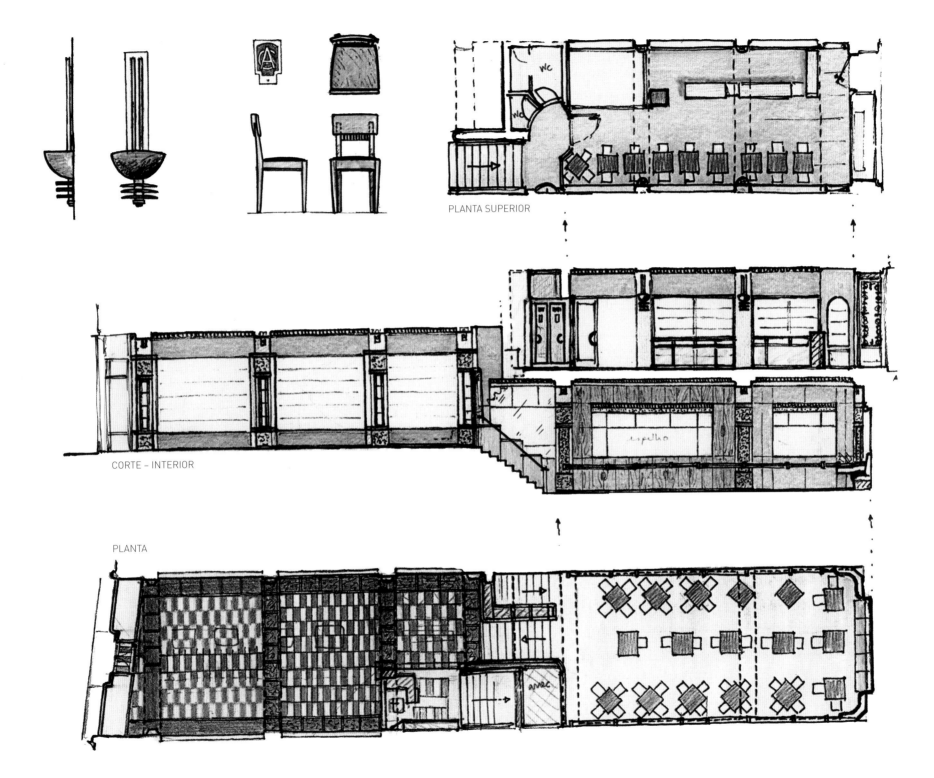

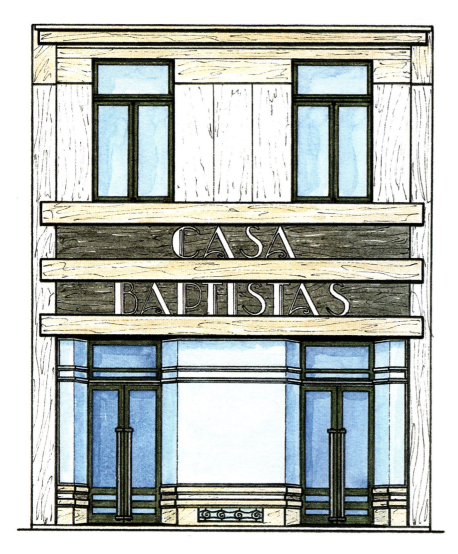

CONFEITARIA CASA BAPTISTAS
Praça da Liberdade, 19-20

Ano/Autor: 1934 / Amândio D. Pinto, Eng.
Instalada no local onde anteriormente esteve o Banco Peninsular, a firma Baptista & Irmãos, Lda. decide em 1934 modernizar a fachada da sua confeitaria. Esta é então revestida a mármore, aceitando as janelas do primeiro andar e abrindo o piso térreo com montras facetadas na zona das portas recuadas. As faixas horizontais salientes intercaladas pelos letrismos claros sobre o mármore escuro constituíam a imagem de marca do estabelecimento, que viria a ser demolido nos anos 60 do século XX.

CONFEITARIA O BOM DÔCE
Rua do Almada, 63-65

Ano/Autor: 1945 / António de Brito, Arq., Alfredo Angelo, Arq., Bento de Almeida, aluno de Arquitetura
Espaço vizinho da confeitaria Arcádia e pertencente aos mesmos proprietários, aí foram instalados uma fábrica de confeitaria e um novo estabelecimento comercial. O desenho arquitectónico reflecte na sua globalidade o exemplo perfeito do chamado «estilo português». A fachada é definida por um arco moldurado a configurar um vestíbulo aberto, acompanhado lateralmente por uma montra e uma porta de serviço. O espírito «regional» transpira no interior dominado pelos lambris azulejados de figura avulsa e na sugestiva harmonia com a tijoleira, o mobiliário rústico e o travejamento do tecto com um empolado candeeiro. A recente recuperação deste espaço intimista com valor arquitectónico é merecedora de um reconhecido elogio ao bom gosto, evidenciado também na cuidada disposição dos produtos e revelado no triunfante cheiro do chocolate.

FACHADA

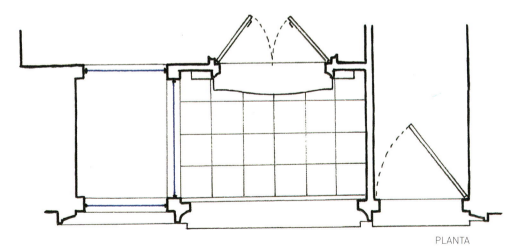

PLANTA

FACHADA

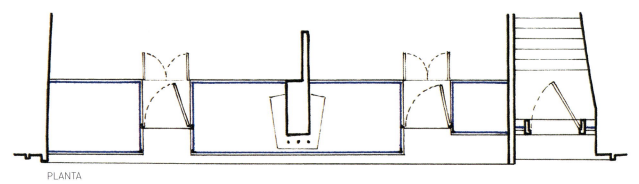

PLANTA

CERVEJARIA-PASTELARIA BOCAGE (VEIGA & CAMPOS)
Rua de Santo Ildefonso, 5-9

Ano/Autor: 1954 / Agostinho F. Almeida, Arq., Casaes Rodrigues, Arq.
O projecto corresponde à alteração do piso térreo, unificando duas parcelas de edifícios diferentes e definindo um emolduramento em mármore que engloba a porta lateral de serviço com círculos salientes a iluminar a parte superior. Um friso saliente enquadra a fachada em vidro da loja, que esconde e dissimula o pilar estrutural. Letrismos de sabor diverso animam a sobreloja, e no piso térreo duas portas estreitas recuadas, com puxadores estilizando a primeira letra da palavra Bocage, interrompem as montras apoiadas num embasamento marmóreo. O espaço existente está profundamente descaracterizado a nível arquitectónico.

FACHADA

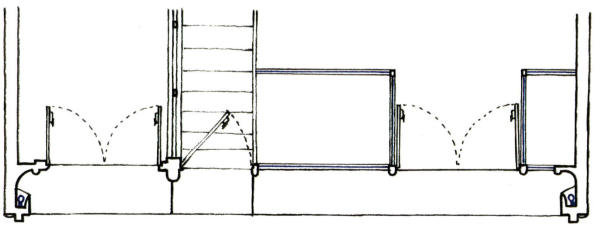

PLANTA

RESTAURANTE-ADEGA NAU
Rua de Passos Manoel, 191-195

Ano/Autor: 1942 / Mário Abreu, Arq.

Após ter renovado a Leitaria do Porto, localizada no mesmo arruamento, Artur Perez Vinagre empreendeu estabelecer um restaurante, cervejaria e pastelaria com um nome patriótico e sujeito a um ambiente arquitectónico de cariz popular, regionalista, afirmando uma alegre portugalidade num triste mundo em guerra. O estilo supostamente português espalha telhas, ancoras, cordas e uma nau simbólica na fachada. No interior, a profusão decorativa prolongava-se na adega regional, com cangas, tapetes e cerâmicas, na adega rústica, com pipas a jorrarem néctar vinícola, e na cave revestida em madeira, que se abaulava para lembrar o porão de um barco quinhentista. O espaço foi alterado e posteriormente demolido nos anos 60-70 do século XX.

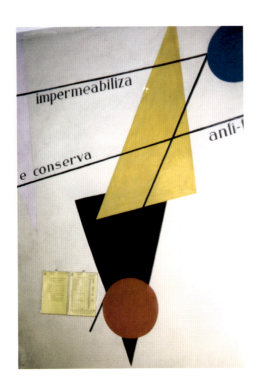

LAVANDARIA PRONTO
Rua de Ceuta, 73

Ano/Autor: 1954 / Carlos Neves, Arq. – edifício

Em meados do século XX os electrodomésticos ganham um espaço no quotidiano familiar urbano, permitindo a libertação de tempo para momentos de ócio, convívio, cultura ou para aprofundar os interesses pessoais de cada um. Com estas novas formas de vida despertam novas oportunidades de negócio, como é o caso das lavandarias que se espalham nas zonas mais ricas da cidade, substituindo a tradição das lavadeiras que se espraiavam nas margens dos ribeiros em faxinas diárias registadas na memória colectiva e no encantamento fotográfico. A Lavandaria Pronto instala-se neste edifício projectado pelo arquitecto Carlos Neves, e destaca na fachada uma tabuleta comercial com o símbolo «astronauta» repleto de néons radiantes. A modernidade comovente do interior que se iluminava em uníssona melodia recebia no pavimento o símbolo sorridente que nos encaminhava para a curvatura do balcão vermelho. As caixilharias geométricas da parede envidraçada definiam uma estranha simbiose com a dinâmica assimetria gráfica da parede pintada de cores primárias, num ambiente geral que se revia nos reflexos da parede espelhada. Com a desertificação da Baixa, adivinhava-se a demolição deste belo espaço comercial (que ocorreu no início do século XXI !), demonstrando a pedra que caracteriza a nossa insensibilidade estética, arquitectónica e patrimonial.

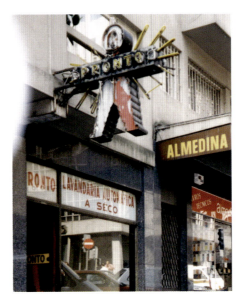

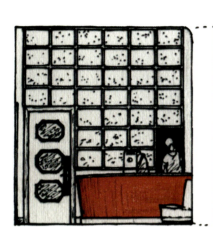

CORTE – INTERIOR

PLANTA

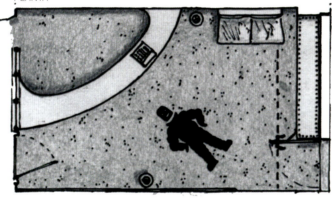

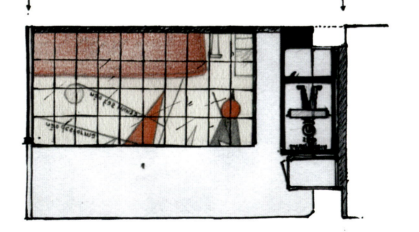

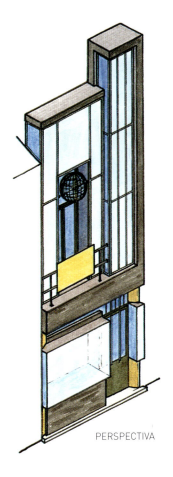

PERSPECTIVA

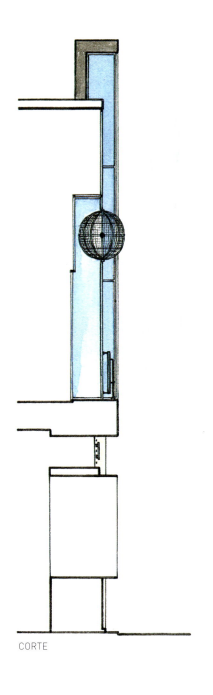

CORTE

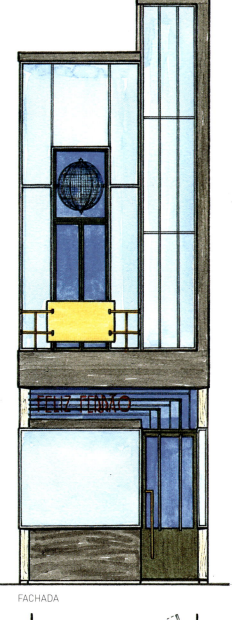

FACHADA

PLANTA

FELIZ FERRÃO
Rua de Fernandes Tomás, 863

Ano/Autor: 1935 / Artur Almeida Júnior, Arq.

Famosa casa de venda de tabacos, valores selados e principalmente de lotarias, fundada por António Ferrão Cardia Moreira, que encarregou Artur de Almeida Júnior de desenhar este belíssimo momento modernista. O estreito lote, com montra avançada e porta recuada no piso térreo, é marcado pela verticalidade panfletária de um sedutor jogo de volumes vítreos geometrizado pelas caixilharias que, por cima da porta reentrante, seguram uma simbólica roda da sorte. Nos minutos mágicos da extracção dos números (da lotaria da Santa Casa da Misericórdia), uma multidão ocorria ao arruamento para sentir uma simulação sonora acompanhada pelo movimento giratório da esfera metálica. Este edifício especial foi infelizmente demolido nos anos 70 do século XX.

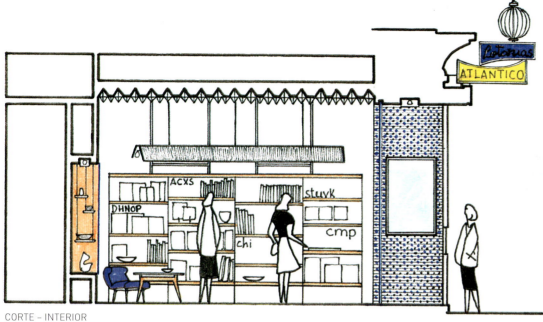

CORTE – INTERIOR

PLANTA

FACHADA

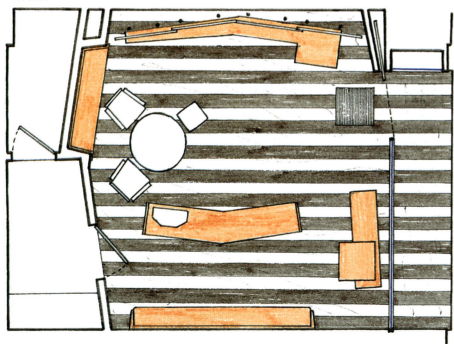

SOCIEDADE DE LOTARIAS ATLÂNTICO, LDA.
Rua de Sampaio Bruno, 8A

Ano/Autor: 1959 / Agostinho Ricca G., Arq.
Pequeno projecto de um nome grande da arquitectura portuguesa do século XX, provocatoriamente esquecido e incompreendido pela sua inquieta paixão profissional em que o pensamento e a mão cansada nunca se esgotaram na procura da substância arquitectónica. O estabelecimento de lotarias, tabacos e revistas é construído para o Banco Português do Atlântico e ocupa uma parcela do extinto Café Suisso. Na sombra da pala saliente, o plano de vidro recua e a porta de correr inclinava-se e recolhia na parede. Assume-se uma intencionalidade decorativa no revestimento das paredes, no movimento plástico do tecto e no pavimento listrado, e existe um valor global e unitário em toda a composição assimétrica do mobiliário. Não reconhecer a qualidade das obras deste autor envergonha o espaço da sabedoria.

L. J. CARREGOSA & C.ª LDA.
Rua das Flores, 276-278

Ano/Autor: 1833 (Fund.) ■ 1927 / Leandro de Moraes, Arq.

O fenómeno monetário e suas flutuações históricas é um consciente indicador das trocas universais, sujeitas a um grande capitalismo mercantil que providencia o acesso aos bens de consumo a qualquer sociedade evoluída. No sistema de trocas tradicional interpunha-se uma garantia simbólica que procurava significado monetário em conchas, sal, cavalos, chitas, peles, bronze, prata, ouro e, finalmente, impondo novos espaços comerciais que promoveram um novo enquadramento humano na relação com os números inscritos em letras, cupões, créditos, títulos, prestações, notas e cheques. Este estabelecimento de câmbios, fundado em 1833, assiste a uma renovação da fachada em 1927, com uma inspiração clássica revelada no espírito do mármore e no sugestivo enobrecimento das pilastras estriadas, com bases e capitéis jónicos em bronze dourado. Os letrismos publicitam o negócio no entablamento rematado por uma cornija. As portas com grades decorativas dão acesso a um interior que inspira uma tranquila confiança no balcão curvo, no relógio, nos lambris e na porta arqueada de caixilharia decorativa. A sua recente transformação em Banco honra a tradição de competência deste espaço com valor arquitectónico.

CORTE – INTERIOR

FACHADA

PLANTA
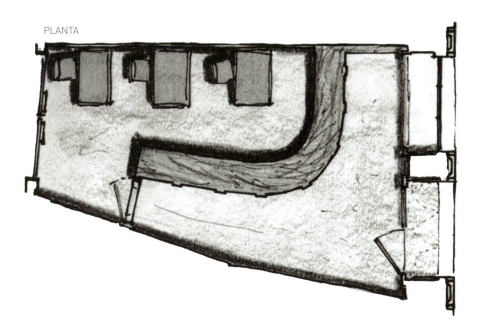

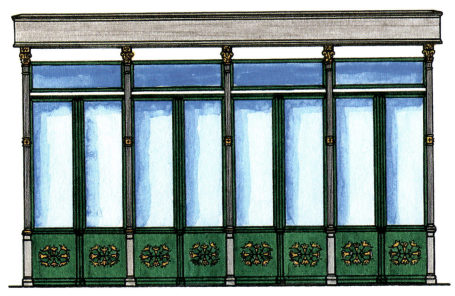
FACHADA

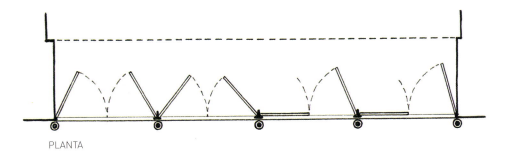
PLANTA

LUIZ FERREIRA ALVES & C.ª
Praça da Liberdade, 21-22

Ano/Autor: 1874 (Fund.) ■ 1906 / Estêvão E. P. S. Leitão, C.Ob.P.
Na viragem do século, esta zona era o centro económico do burgo, com sucessivos estabelecimentos bancários a instalarem-se no lugar das lojas, ou, com a abertura da Avenida dos Aliados, em novos edifícios que dariam uma sumptuosa imagem urbana ao renovado centro cívico. Proveniente da Rua das Flores, Luiz Ferreira Alves instala em 1906 a sua casa bancária na Praça da Liberdade, construindo uma *devanture* metálica com uma sequência de portas intercaladas por colunas destacadas, que suportavam uma caixa para recolha da chapa ondulada de protecção. Este esquema, usual na época, seria substituído em 1943 por uma fachada moderna do Banco Ferreira Alves e Pinto Leite, a qual seria também objecto de demolição umas décadas após.

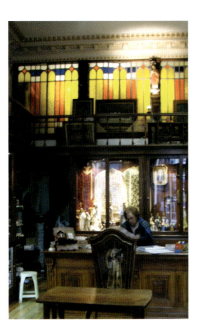

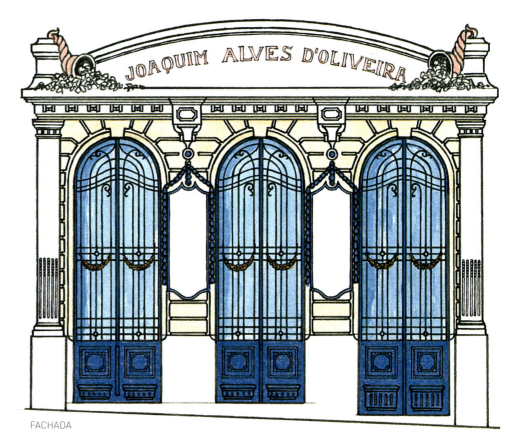

FACHADA

JOAQUIM ALVES DE OLIVEIRA – CASA BANCÁRIA / actual CASA CORAÇÃO DE JESUS
Rua de Mousinho da Silveira, 302

Ano/Autor: 1914 / F. Oliveira Ferreira, Arq. (atribuído), Francisco S. Silva, M.Ob.
Fachada ecléctica de espírito clássico com pilastras a enquadrarem os três vãos arqueados envolvidos por rusticados e destacando duas placas publicitárias metálicas apoiadas em grinaldas. Uma cornija com métopas estilizadas apoia o movimento curvo do entablamento que derrama abundâncias nas cornucópias dos extremos. Pela caixilharia decorativa perpassa a luminosidade especial que flui no interior com galeria, e uma parede envidraçada valorizada na textura e na cor. Sequências de pilastras acompanham o lambrim e prolongam momentos duplos, com grinaldas na zona da galeria e frisos decorativos em estuque na aproximação ao tecto. A casa bancária encerrou nos anos 40, tendo sido ocupada pela Casa Coração de Jesus, de artigos religiosos, que trouxe parte do mobiliário e aproveitou condignamente o estabelecimento existente. Todo o espaço é merecedor de protecção arquitectónica específica.

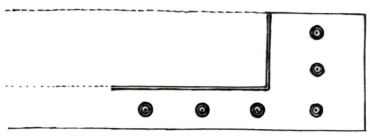

TECTO

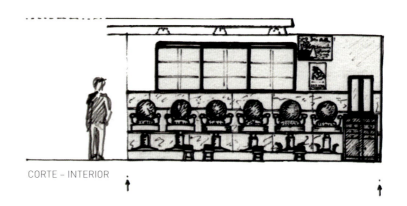
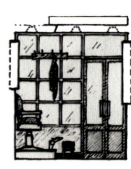

CORTE – INTERIOR

ENGRAXADOR
Rua de Sampaio Bruno, 12

Ano/Autor: 1940-1950

As zonas centrais de maior movimento de transeuntes e as tertúlias sem horário dos cafés potenciam o aparecimento da personagem típica do engraxador ambulante, que procura a oportunidade de se estabelecer num átrio ou vão de escada anexo. Neste caso, o espaço era anexo ao Café Suisso, e apresentava uma sucessão de cadeiras de barbeiro com formas metálicas adaptadas para apoiar o pé do respectivo cliente-sapato. Apesar de actualmente o serviço de engraxador ser um arcaísmo, pressente-se que a lamacenta graxa ocupou tristemente o espaço do cérebro humano, pelo falso polimento que esconde desumanidades, escritas anónimas enganosas, agressões nas costas e infantilidades de um qualquer mané perigoso de duas caras. No entanto, o mundo continua a regenerar-se na simplicidade do ser humano comum, normal, das coisas, das formas e dos lugares, surpreendendo o desprevenido olhar com os reflexos da verdadeira simpatia.

PLANTA

Referências Bibliográficas

REFERÊNCIAS BIBLIOGRÁFICAS

AFONSO, J. Ferrão (2000), *A Rua das Flores no Século XVI: Elementos para a História Urbana do Porto Quinhentista*, Porto: FAUP Publicações.
Alfândega do Porto e o Despacho Aduaneiro, Porto: Câmara Municipal do Porto, 1990.
Alfândega Nova. O Sítio e o Signo, Porto: Museu dos Transportes e Comunicações, 1995.
ALMEIDA, Pedro Vieira de; FERNANDES, José Manuel (1986), *História da Arte em Portugal. A Arquitectura Moderna*, Lisboa: Alfa, vol. 14.
ALBESSARD, Jean Louis (coord.) (2001), Guia do Porto, in *Guia American Express*, Porto: Livraria Civilização Editora.
ALMEIDA, José Luiz de (1947), *Livro de Honra do Comércio e Indústria do Porto,* Porto: Edição do autor.
ANDRADE, Arelino Joaquim Monteiro de (c. 1942), *Plantas Antigas da Cidade (século XVIII e primeira metade do século XIX)*, Porto: CMP – Gabinete de História da Cidade (Documentos e Memórias para a História do Porto, 11).
ANDRADE, Sérgio de (1964), *Associação Humanitária Bombeiros Voluntários do Porto: Comemoração do 89º Aniversário*, Porto: Litografia Nacional.
Arquitectura Pintura Escultura Desenho. Património da ESBAP e da FAUP, Porto: Universidade do Porto, 1987.
Atlas histórico de ciudades Europeas, Barcelona: Salvat Editores, 1994.
AUZELLE, Robert (dir.) (1962), *Plano Director da Cidade do Porto*, Porto: CMP – Gabinete de Urbanização.
AYMONINO, Carlo (1984), *O Significado das Cidades,* Lisboa: Editorial Presença.
AZEVEDO, Ercílio (2003), *Porto 1934. A Grande Exposição*, Porto: Edição do autor.
ALVES COSTA, Alexandre (1995), *Introdução ao Estudo da História da Arquitectura Portuguesa*, Porto: FAUP Publicações.
ALVES COSTA, Alexandre; TAVARES, Andrér; JORGE, Filipe (2001), *Mapa de Arquitectura do Porto* [S.l.]: Argumentum – Edições Estudos e Realizações.
A Cidade do Porto na Obra do Fotógrafo Alvão, 1872-1946, Porto: Fotografia Alvão, 1984.
BASTOS, Artur de Magalhães (1963), *Sumário de Antiguidades da Mui Nobre Cidade do Porto*, 2ª ed., Porto: Livraria Progredior.
BARBOSA, Francisco Ferereira (1864), *Elucidário do Viajante no Porto*, Coimbra: Imprensa da Universidade.
BASTOS, Carlos (1938), *Nova Monografia do Porto,* Porto: Companhia Portuguesa Editora.
BASTOS, Carlos (1944), *Livro de Ouro do Comércio e Indústria do Porto*, Porto: Edição do autor.
BARRANCE, Luís (1993), *Evolução do Desenho das Fachadas das Habitações Correntes Almadinas, 1774-1844*, Porto: Câmara Municipal do Porto.
BENEVOLO, Leonardo (1974), *História de la arquitectura moderna*, Barcelona: Editorial Gustavo Gili.
BRAUDEL, Fernand (1992), *Civilização Material, Economia e Capitalismo Séculos XV-XVIII: Os Jogos de Troca*, Costa, Telma (trad.), Lisboa: Editorial Teorema, Lda.
BRAUDEL, Fernand (1992), *Civilização Material, Economia e Capitalismo Séculos XV-XVIII: As Estruturas do Quotidiano*, Costa, Telma (trad.), Lisboa: Editorial Teorema, Lda.
CARDOSO, António (1997), *O Arquitecto José Marques da Silva e a Arquitectura do Norte do País na Primeira Metade do Século XX*, 2ª ed., Porto: FAUP Publicações.
CARDOSO, António (1987), Génese e Morfologia das Fachadas de Ourivesarias e Joalharias da Cidade do Porto, in *Ourivesaria do Norte de Portugal* (cat.), Porto.
CARITA, Hélder (1990), *Bairro Alto – Tipologias e Modos Arquitectónicos*, Lisboa: CML.
CARVALHO, Teresa Pires de; GUIMARÃES, Carlos; BARROCA, Mário Jorge (1996), *Bairro da Sé do Porto: Contributo para a sua Caracterização Histórica,* Porto: CMP; CRUAB/CH; Projecto Piloto Urbano da Sé.
CHEVALIER, Jean; GHEERBRANT, Alain (1994), *Dicionário dos Símbolos*, Rodriguez, Cristina (trad.); Guerra, Artur (trad.), Lisboa: Editorial Teorema, Lda.
COSTA, Agostinho Rebelo da (2001 [1ª ed. 1794]), *Descrição Topográfica e Histórica da Cidade do Porto*, 3ª ed., Lisboa: Frenesi.
Casas do Porto, Séculos XIV a XIX, in *Documentos e Memórias para a História do Porto,* Porto: CMP – Gabinete de História da Cidade, 1961, vol. XXXI
Catálogo Oficial da II Feira do Porto Realizada no Palácio de Cristal, Porto: Ed. da Aliança Mercantil Portuguesa Lda., 1923.
CRUZ, António (1941), *O Porto nos Centenários*, Porto: CMP.
CRUZ, António (1943), *Os Mesteres do Porto: Subsídios para a História das Antigas Corporações dos Ofícios Mecânicos,* Porto: [ ].
CRUZ, Paulo J. S. (1997), *Porto: A Arte do Ferro*, Porto: Edições ASA.

CANNATÀ, Michele; FERNANDES, Fátima (2002), *Guia da Arquitectura Moderna. Porto, 1925-2002*, Porto: Edições ASA.

CORREIA FERNANDES, Manuel (1988), *Arquitectura. Anos 60 e 70: Apontamentos*, Porto: FAUP Publicações.

Edifícios do Porto em 1833: Álbum de Desenhos de Joaquim Cardozo Victoria VilaNova, Porto: Biblioteca Pública Municipal do Porto, 1987.

FERNANDEZ, Sérgio (1998), *Percurso. Arquitectura Portuguesa 1930-1974*, Porto: FAUP Publicações.

FERRÃO, Bernardo José (1985), *Projeto e Transformação Urbana do Porto na Época dos Almadas 1758-1813*, Porto: FAUP Publicações.

FERNANDES, Francisco Barata (1999), *Transformação e Permanência na Habitação Portuense. As Formas da Casa na Forma da Cidade,* Porto: FAUP Publicações.

FERNANDES, José A. Rio (1990), *As Feiras e os Mercados no Tecido Comercial do Porto*, Porto: CMP.

FERNANDES, José A. Rio (1997), Porto. Cidade e Comércio, in *Documentos e Memórias para a História do Porto*, Porto: Arquivo Histórico Municipal do Porto, vol. LI.

FERNANDES, José Manuel (1991), *Sínteses da Cultura Portuguesa: A Arquitectura*, Lisboa: Imprensa Nacional-Casa da Moeda.

FERNANDES, José Manuel (1993), *Arquitectura Modernista em Portugal (1890-1940)*, Lisboa: Gradiva.

FERNANDES, José Manuel (2003), *Português Suave. Arquitecturas do Estado Novo,* Lisboa: IPPAR.

FERREIRA, J. A. Pinto (1965), O Urbanismo do Porto no Século XVIII e seus Reflexos no Plano Económico-Social, in *Boletim Cultural*, Porto: CMP, n.º 28.

FERREIRA-ALVES, Joaquim Jaime B. (1988-1990), *O Porto na Época dos Almadas. Arquitectutras, Obras-Públicas*, Porto: CMP.

FIGUEIRA, Jorge; PROVIDÊNCIA, Paulo; GRANDE, Nuno (2001), *Porto 1901-2001, Guia de Arquitectura Moderna,* Porto: Ordem dos Arquitectos – S.R. Norte; Ed. Civilização.

FOTOGRAFIA ALVÃO (1984), *A Cidade do Porto na Obra do Fotógrafo Alvão, 1872-1946*.

FOTOGRAFIA ALVÃO (2002), *Clichés do Porto. 1902-2002,* Porto: Fotografia Alvão.

FRAMPTON, Kenneth (1981), *História crítica de la arquitectura moderna,* Barcelona: Editorial Gustavo Gili.

FRANÇA, José-Augusto (1990), *A Arte em Portugal no Século XIX,* 3ª ed., Lisboa: Bertrand Editora, Lda.

FRANÇA, José-Augusto (1991), *A Arte em Portugal no Século XX, 1911-1961*, 3ª ed., Lisboa: Bertrand Editora, Lda.

FREITAS, Eugénio Andrea da Cunha e (1999), *Toponímia Portuense*, Porto: Contemporânea Editora, Lda.

GARCIA, Capitão Paulo Emílio de F. (1946), As Barreira das Cidade do Porto, in *Documentos e Memórias para a História do Porto,* Porto: CMP, vol. XIV.

GARRETT, Antão de Almeida (1948), Plano Geral de Urbanização do Porto, *in Civitas,* Porto: CMP.

HAUPT, Albrecht (1986), *A Arquitectura do Renascimento em Portugal*, Lisboa: Ed. Presença.

KEIL DO AMARAL, Francisco (1945), *O Problema da Habitação*, Porto: Latina Editora.

KUBLER, George (1988), *A Arquitectura Portuguesa Chã*, Lisboa: Assírio Bacelar.

LINO, Raul (1932), *A Nossa Casa*, Lisboa.

MAGALHÃES, Carlos (1910), *Guia Ilustrado do Porto*, Porto: Empresa de Guias Touriste.

MANDROUX-FRANÇA, Marie Thérèse (1986), *Quatro Fases da Urbanização do Porto no Século XVIII*, Porto: CMP.

MARQUES, A. H. de Oliveira (1981), *História de Portugal*, Lisboa: Palas Editores.

MARQUES, Hélder; FERNANDES, José A. Rio; MARTINS, Luís Paulo (1990), *Porto: Percursos nos Espaços e Memórias,* Porto: Edições Afrontamento.

MEDEIROS, Carlos L.; MIRANDA, Jorge Augusto; MOREIRA, J. J. Semedo (1993), *Lojas de Tradição do Porto*, Lisboa: Instituto de Apoio às Pequenas e Médias Empresas e ao Investimento; Programa das Artes e Ofícios Tradicionais.

MEIRELES, Maria Adelaide (1982), *Catálogo dos Livros de Plantas*, Porto: Arquivo Histórico Municipal do Porto.

MENDES, Manuel (2001), *(In)formar a Modernidade. Arquitecturas Portuenses, 1923-1943: Morfologias, Movimentos, Metamorfoses,* Porto: FAUP Publicações.

MONTEIRO DE ANDRADE (1943), *Plantas Antigas da Cidade (século XVIII e primeira metade do século XIX)*, Porto: Publicações da CMP.

MATTOSO, José (Dir.) (1992), *História de Portugal* [S.l.]: Círculo de Leitores, Vols. 1-8.

NONELL, Anni Günther (1992), *O Mercado do Bolhão, Estudos e Documentos*, Porto: CMP – Pelouro dos Mercados, Equipamentos e Serviços Técnicos.

OLIVEIRA, A. Coelho de (1943), Sumário das Feiras, Mercados Antigos do Porto, in *Boletim Cultural da CMP*, Porto: CMP, vol. VI.

OLIVEIRA, Ernesto Veiga de; GALHANO, Fernando (1986), *Casas Esguias do Porto e Sobrados do Recife*, Recife: Pool Editorial.

OLIVEIRA, J. M. Pereira de (1973), *O Espaço Urbano do Porto. Condições Naturais e Desenvolvimento,* Coimbra: Instituto de Alta Cultura – Centros de Estudos Geográficos.

OSÓRIO, Maria Isabel Pinto (1994), *Cidade, Plano e Território – Urbanização do Plano Intra-Muros do Porto (séculos XIII – 1ª metade XIV)*, Dissertação de Mestrado, Ed. Policopiada, Faculdade de Letras do Porto, Porto.

PACHECO, Hélder (1984), *Porto*, Porto: Editorial Presença.

PASSOS, Carlos de (1935), *Guia Histórico e Artístico do Porto,* Porto: Casa Editora de A. Figueirinhas, Lda.

PEDREIRINHO, José Manuel (1994), *Dicionário dos Arquitectos Activos em Portugal, do Século I à Actualidade*, Porto: Edições Afrontamento.

PEREIRA, Gaspar Martins (1995), *Álbum de Memórias do Ateneu Comercial do Porto (1869-1994)*, Porto: Ateneu Comercial do Porto.

Porto – Margens do Tempo, Porto: Livraria Figueirinhas, 1994.

PERES, Damião (dir.) (1962), *História da Cidade do Porto*, Porto: Portucalense Editora, vols. 1-3.

PORTUENSE, Gouveia (1946), Imagens e Costumes do Porto de Outras Eras, in *Documentos e Memórias para a História do Porto*, Porto: CMP, vol. XV.

RAMOS, Luís A. de Oliveira (dir.) (1994), *História do Porto*, 2ª ed., Porto: Porto Editora.

REAL, Manuel Luís (coord.); BRAGA, Maria Helena Gil; CUNHA, Paula (1992), *Uma Cartografia Exemplar. O Porto em 1892*, in Catálogo da Exposição Comemorativa do 1º Centenário da Carta Topográfica de A. G. Telles Ferreira, Porto: CMP.

REAL, Manuel Luís; TAVARES, Rui (1987), *Bases para a Compreensão do Desenvolvimento Urbanístico do Porto*, Lisboa: Centro de Estudos dos Povos e Culturas de Expressão Portuguesa, Universidade Católica Portuguesa.

REIS, Henrique Duarte Sousa (1984), *Apontamentos para a Verdadeira História Antiga e Moderna da Cidade do Porto*, Porto: B.P.M.P., vols. 1-2.

RIBEIRO, Jorge; CONRADO, Júlio (1994), *Lisboa. As Lojas de um Tempo ao Outro*, Lisboa: Editorial Notícias.

SANTOS, Boaventura de Sousa; CRUZEIRO, Maria Manuela; COIMBRA Maria Natércia (1997), *O Pulsar da Revolução: Cronologia da Revolução de 25 de Abril (1973-1976)* [S.l.]: Edições Afrontamento; Centro de Documentação 25 de Abril da Universidade de Coimbra.

SERRÃO, Joel (dir.) (1997), *Dicionário de História de Portugal*, [S.l.]: Iniciativas Editoriais, Vols. 1-7.

SILVA, Germano (2002), *Porto: Uma Cidade a Descobrir*, Lisboa: Editorial Notícias.

SIZA, M. Tereza (Coord.); SERÉN, Maria do Carmo (2001), *Tripé da Imagem. O Porto e os seus Fotógrafos*, Porto: Porto Editora.

SIZA, M. Tereza (Coord.); SERÉN, Maria do Carmo (1998), *Manual do Cidadão Aurélio da Paz dos Reis*, Porto: Centro Português de Fotografia.

TÁVORA, Fernando (1947), *O Problema da Casa Portuguesa*, Lisboa: Cadernos de Arquitectura.

TÁVORA, Fernando (1982), *Da Organização do Espaço*, Porto: Edições do Curso de Arquitectura da ESBAP.

TEIXEIRA, Luís Manuel (1985), *Dicionário Ilustrado de Belas-Artes*, Lisboa: Editorial Presença, Lda.

TOSTÕES, Ana (1997), *Os Verdes Anos na Arquitectura Portuguesa dos Anos 50,* Porto: FAUP Publicações.

VARELA GOMES, Paulo (1988), *A Cultura Arquitectónica e Artística em Portugal no Século XVIII,* Lisboa: Ed. Caminho.

[+de] *20 Grupos e Episódios no Porto do Século XX*, Porto: Câmara Municipal do Porto, 2001, 2 vol.

Índices

Índice de Autores de Arquitectura

A. Duarte da Cruz, Eng., 206 (Vol. I)
Afonso F. S. Proença, Eng., 212 (Vol. I)
Agostinho Ferreira de Almeida, Arq., 232 (Vol. I) / 93, 202 (Vol. II)
Agostinho Ricca G., Arq., 63, 207 (Vol. II)
Alberto F. Gomes, Arq., 174, 197 (Vol. I) / 110, 186 (Vol. II)
Alexandre Domingues, M.Ob., 22 (Vol. II)
Alfredo Ângelo, Arq., 200 (Vol. II)
Alfredo Brandão, Arq., 93 (Vol. II)
Amândio D. Pinto, Eng., 169 (Vol. I) / 111, 127, 137, 200 (Vol. II)
Amândio P. Marcelino, Arq., 242 (Vol. I)
Amoroso Lopes, Arq., 99, 180, 190, 194, 196, 202, 229 (Vol. I) / 11, 124, 131, 156, 169, 185, 196 (Vol. II)
António Alla, Eng., 242 (Vol. I)
António Alves da Silva, M.Ob., 157 (Vol. I) / 136 (Vol. II)
António Barbosa, Arq., 214 (Vol. I)
António Cândido, Arq., 233 (Vol. I)
António Côrte-Real, Arq., 208, 220 (Vol. I)
António da Silva, M.Ob., 162, 157 (Vol. I)
António de Brito, Arq., 101, 165, 204 (Vol. I) / 112, 200 (Vol. II)
António F. M. Ramalhão, M.Ob., 179 (Vol. I) / 38, 88, 146, 192 (Vol. II)
António F. S. Janeira, Arq., 158 (Vol. I)
António G. Matos Veloso, Arq., 62 (Vol. II)
António J. Teixeira Lopes, Arq., 64 (Vol. II)
António Joaquim de Carvalho, M.Ob., 190 (Vol. I) / 32, 151, 195 (Vol. II)
António Martins Soares, Arq., 135 (Vol. II)
António P. D. Guimarães, Arq., 222 (Vol. I)
António P. P. Bravo, Arq., 10 (Vol. II)
António Pereira da Silva, M.Ob., 26 (Vol. II)
António Teixeira Lopes, Escultor, 22 (Vol. II)
António Teixeira Rego, Eng., 188 (Vol. II)
Armando da Silva Mourão, Eng., 117 (Vol. II)
Arménio Losa, Arq., 99, 135, 148, 165, 214, 220, 231, 233 (Vol. I) / 128 (Vol. II)
ARS, Arq., 102, 210 (Vol. I)
Artur Almeida Júnior, Arq., 99, 135, 204, 205 (Vol. I) / 57, 90, 97, 191, 206 (Vol. II)
Artur Andrade, Arq., 102 (Vol. I) / 114, 139 (Vol. II)
Aucíndio Ferreira dos Santos, Eng., 135, 160, 165, 200, 217 (Vol. I) / 62, 89, 111 (Vol. II)
Augusto A. C. Rocha, Arq., 142, 144 (Vol. I)
Augusto Amaral, Arq., 161 (Vol. II)
Augusto dos Santos Malta, Arq., 48 (Vol. II)
Augusto Sequeira Laundes, M.Ob., 60, 91 (Vol. II)
Avelino dos Santos, C.C., 200 (Vol. I) / 14, 60, 91 (Vol. II)
Bento de Almeida, Arq., 244 (Vol. I) / 200 (Vol. II)
Borges de Oliveira, Arq., 172 (Vol. I)
Carlos de Sousa, Arq., 109, 174 (Vol. II)
Carlos Neves, Arq., 190, 218 (Vol. I) / 204 (Vol. II)
Carlos Nogueira Pontes, M.Ob., 156 (Vol. I)
Carlos Ramos, Arq., 99, 102, 209 (Vol. I)
Casaes Rodrigues, Arq., 202 (Vol. II)
Cassiano Barbosa, Arq., 148, 214, 220, 231, 233 (Vol. I)
César Máximo, Eng., 206 (Vol. I)
David A. F. Caravana, Arq., 95 (Vol. II)
Domingos de Barros, C.C., 210 (Vol. I)
Domingos Duarte, M.Ob., 180 (Vol. II)
Eduardo A. C. Oliveira, Arq., 239 (Vol. I)
Eduardo C. Alves Júnior, Arq., 8, 132 (Vol. II)
Eduardo Iglésias, Arq., 233 (Vol. I)
Eduardo Martins, Arq., 112 (Vol. II)
Eduardo R. Matos, Arq., 62 (Vol. II)
Emílio S. Moreira, Arq., 175 (Vol. I)
Engenheiros Reunidos, 206 (Vol. I)
Ernesto F. C. Paiva, Eng., 147 (Vol. I) / 135, 198 (Vol. II)
Estêvão E.P.S. Leitão, C.O.P., 180 (Vol. I) / 210 (Vol. II)
Eugénio G. Alves de Sousa, Arq., 190 (Vol. II)
Fernando Barbosa, Arq., 62 (Vol. II)
Fernando Cardoso Lima, Eng., 56 (Vol. II)
Fernando Ferreira, Arq., 124 (Vol. II)
Fernando Moura, Arq., 222 (Vol. I)
Fernando Tudela, Arq., 62 (Vol. II)
Francisco de Oliveira Ferreira, Arq., 182, 223, 238 (Vol. I) / 34, 36, 42, 69, 103, 134, 163, 182, 211 (Vol. II)
Francisco P. Mota Coelho, Arq., 184 (Vol. II)
Francisco Pinto de Castro, C.O.P., 32 (Vol. II)
Francisco Santos Silva, M.Ob., 28, 211 (Vol. II)
Franklin da S. Gens, M.Ob., 215 (Vol. I)
Germano de Castro, Arq., 186 (Vol. II)
Homero F. Dias, Arq., 210, 211 (Vol. I) / 13, 45, 61, 129 (Vol. II)
Humberto Reis, Arq., 222 (Vol. I)

Inácio Pereira de Sá, C.C., 124, 230 (Vol. I) / 33, 38, 130 (Vol. II)
J. Almeida Bento, Arq., 244 (Vol. I)
J. Archer de Carvalho, Arq., 179 (Vol. II)
J. Márcio Freitas, Arq., 216 (Vol. I) / 125 (Vol. II)
J. Marques da Silva, Arq., 80, 85 (Vol. I) / 135 (Vol. II)
J. Moreira da Silva, M.Ob., 156, 162 (Vol. I)
J. Praça, Eng., 241 (Vol. I)
J. Teixeira Lopes, Arq., 22 (Vol. II)
Jaime Nogueira de Oliveira, Eng., 161 (Vol. II)
Januário Godinho, Arq., 99, 198, 222, 243 (Vol. I) / 58, 85, 94, 160 (Vol. II)
Jerónimo R., Arq., 67 (Vol. II)
João Andresen, Arq., 179 (Vol. II)
João Gomes da S. Guerra, M.Ob., 50, 54, 66 (Vol. II)
João Queirós, Arq., 99, 101, 190, 196 (Vol. I) / 10, 66, 89, 176, 184 (Vol. II)
João Torres V., Arq., 12 (Vol. II)
Joaquim F. Barros, M.Ob., 181 (Vol. I) / 54, 100, 174 (Vol. II)
Joaquim F. M. Ramalhão, M.Ob., 178 (Vol. II)
Joaquim G. Moreira da Silva, M.Ob., 213 (Vol. I) / 152 (Vol. II)
Joaquim Mendes Jorge, Eng., 161, 174, 197, 212, 241 (Vol. I) / 116, 124, 192 (Vol. II)
Joaquim Souza Braga, M.Ob., 181 (Vol. II)
Joel da Silva Pereira, Arq., 177 (Vol. I) / 24 (Vol. II)
Jofre António Justino, Eng., 15 (Vol. II)
Jorge Manuel Viana, Eng., 99, 192 (Vol. I) / 45, 60 (Vol. II)
Jorge V. Bastian, Eng., 185 (Vol. II)
José António Sequeira Braga, Arq., 67 (Vol. II)
José Coelho de Freitas, C.C., 99, 202 (Vol. I) / 40, 55, 154 (Vol. II)
José Correia da Costa, M.Ob., 213 (Vol. I)
José D. Faria dos Santos, M.Ob., 194 (Vol. II)
José da Silva Maia, M.Ob., 126, 130 (Vol. II)
José dos Santos, Arq., 228 (Vol. I) / 138 (Vol. II)
José Emílio da Silva Moreira, Arq., 134 (Vol. I) / 92, 123 (Vol. II)
José Ferreira Peneda, Arq., 99, 157, 191, 198, 199 (Vol. I) / 164, 166, 198 (Vol. II)
José Geraldes S. Sardinha, Arq., 16 (Vol. II)
José J. P. Azevedo, Eng., 106 (Vol. II)
José Joaquim de Carvalho, M.Ob., 132 (Vol. I) / 39 (Vol. II)
José Maria de Barros, M.Ob., 123 (Vol. II)
José Maria Olympio, M.Ob., 236 (Vol. I)
José Oliveira Ferreira, Escultor, 34 (Vol. II)
José Porto, Arq., 102, 206 (Vol. I)
José Ribeiro Lima Júnior, Eng., 230 (Vol. I) / 14, 175 (Vol. II)
José Vasconcelos Lima Júnior, Eng., 183 (Vol. I) / 122 (Vol. II)
Júlio José de Brito, Arq., 99, 140 (Vol. I) / 56, 91, 133, 158 (Vol. II)
Keil do Amaral, Arq., 99 (Vol. I) / 158 (Vol. II)
Leandro de Moraes, Arq., 183, 188, 229, 240 (Vol. I) / 44, 49, 107, 155, 194, 208 (Vol. II)
Licínio Guimarães, C.O.P., 124 (Vol. I) / 52 (Vol. II)
Luiz C. F. Magalhães, Eng., 86 (Vol. II)
M. Godinho, Eng., 241 (Vol. I)
Manoel F. S. Janeira, M.Ob., 164, 179, 244 (Vol. I) / 55 (Vol. II)
Manoel Pereira, Arq., 146 (Vol. I) / 154 (Vol. II)
Manuel A. L. Lima, Eng., 241 (Vol. I)
Manuel Alves Maia, M.Ob., 228 (Vol. I) / 132 (Vol. II)
Manuel da S. Passos Júnior, Arq., 113 (Vol. II)
Manuel Dias de Carvalho, M.Ob., 181 (Vol. I)
Manuel da S. Rocha Júnior, M.Ob., 123 (Vol. II)
Manuel F. Ferreira, M.Ob., 80 (Vol. II)
Manuel F. Rodrigues, M.Ob., 108 (Vol. II)
Manuel Marques, Arq., 173, 191, 194, 202 (Vol. I) / 77, 124, 131, 156, 164, 185 (Vol. II)
Manuel P. T. Magalhães, Arq., 131 (Vol. II)
Manuel R. F. Barros, M.Ob., 26 (Vol. II)
Manuel Sobral, M.Ob., 57 (Vol. II)
Marcelino A. Lucas Júnior, M.Ob., 182 (Vol. I)
Mário Abreu, Arq., 99 (Vol. I) / 188, 203 (Vol. II)
Mário C. Barbosa F., Arq., 78, 128 (Vol. II)
Mário Filgueiras, Eng., 166 (Vol. II)
Oldemiro Carneiro, Arq., 62 (Vol. II)
Pedro C. A. Pézerat, Eng., 195 (Vol. II)
Pereira Leite, Arq., 209 (Vol. I) / 92 (Vol. II)
Pimentel Sarmento, C.O.P., 150 (Vol. I) / 22 (Vol. II)
R. Gil da Costa, Arq., 64 (Vol. II)
Rafael Lopes, Arq., 209 (Vol. I) / 92 (Vol. II)
Raymundo J. Mendes, M.Ob., 116 (Vol. II)
Renato Montes, Arq., 101, 206 (Vol. I) / 126, 170, 171 (Vol. II)
Rogério R. Vilares, Arq., 182 (Vol. II)
Rogério S. Azevedo, Arq., 99, 166, 183 (Vol. I) / 67 (Vol. II)
Rui Pimentel, Arq., 65 (Vol. II)
Sociedade de Engenharia OPCA, 85 (Vol. II)
Vaz Martins, Arq., 128 (Vol. II)
Viana de Lima, Arq., 102, 231 (Vol. I) / 63, 167 (Vol. II)

FUNDIÇÕES

Companhia Aliança, 22 (Vol. II)
Fundição do Bolhão, 124 (Vol. I)
Fundição de Francos, 28, 88 (Vol. II)
Fundição de Massarelos, 65, 66 (Vol. I) / 30 (Vol. II)
Fundição da Victória, 184 (Vol. I) / 87, 118 (Vol. II)
Nova Fundição de Crestuma, 124 (Vol. I)

ABREVIATURAS

Arq. – Arquitecto
Eng. – Engenheiro
C.O.P. – Condutor de Obras Públicas
M.Ob. – Mestre-de-Obras
Esc. – Escultor

Índice Geral

VOLUME I

PREFÁCIO 7

INTRODUÇÃO 9

PARTE I – EVOLUÇÃO COMERCIAL E MERCANTIL. ENQUADRAMENTOS 11

1. Enquadramento geográfico e antecedentes humanizados 13
    Contexto geográfico 13
    Síntese da evolução histórica 14
    Povoamento e pré-urbanismo 15

2. A urbe medieval 17
    Rua dos Mercadores 18
    Alfândega 19
    Conventos mendicantes 20
    Muralha 20
    Conflitos 21
    Judiaria 21
    Procissão 21
    Contactos 22
    Mesteirais 23
    Toponímia 23
    Mestre-artesão-aprendiz 24
    Tipologia arquitectónica 24
    Feiras e mercados 25
    … a minha Rua Fermosa… 26
    Rua Nova 27

3. A esfera dos descobrimentos, expansão e êxtase 29
    Novas culturas 29

	Luxo	29
	Urbanismo e arquitectura	31
	Êxtase	33
4.	**Do império filipino…**	35
	Reorganização da cidade	35
	Comércio	36
	Desastre e revolta	38
5.	**… Até aos orgulhosos sacrifícios da restauração**	39
	Vinho e estrangeiros	40
	A praça «espanhola»	40
	Tipologia comum	41
6.	**Ouro e diamantes caem do céu**	42
	Novo quotidiano	43
	Port-Wine	45
	Praça Nova	45
7.	**Terramoto e despotismo iluminado**	46
	Urbanismo	47
	Influências	48
	Social	48
8.	**Tempos de caos, insegurança e novos ideais**	50
	Caos	51
	Absolutismo ou liberalismo	51
	Fervor legislativo	52
	A cidade liberal	53
	O novo símbolo da burguesia comercial	54
	Quotidiano comercial	56
	Tipologia arquitectónica	57
	Antecedentes da Regeneração	58
9.	**Regeneração, expansão e modernidade**	59
	Caminho-de-ferro	59

Fluxo de pessoas e dinheiro 60

Novidades técnicas e acessibilidades 60

A revolução urbana 61

Zona central comercial *61*

Boavista – Foz *62*

Circunvalação e planeamento *62*

A revolução industrial 64

A revolução do ferro 65

Fundições *66*

Quotidiano do ferro *66*

Palácio de Cristal 68

Os estrangeiros 70

10. As lojas **71**

«Tradição» 71

Zonas 73

As lojas 74

Interiores *76*

Trilogia patrão-caixeiro-marçano 77

11. A mudança de rumo – séculos XIX-XX **80**

A procura do novo centro da civilização portuense 80

Porto de Leixões 81

Doenças 81

Instituições 82

Ateneu Comercial do Porto *82*

Rumo político I 83

Revolução técnica do quotidiano 83

Mulher e estética 84

Eclectismos 85

Grandes Armazéns Hermínios – 1893 .... *87*

Rua da Galeria de Paris – 1903 .... *90*

Livraria Chadron / Lello & Irmão – 1906 92

Mercado do Bolhão – 1914 94

Rumo político II 95

12. Do Estado Novo ao Estado Velho 97

Estado Novo 97

Correntes culturais ao longo do século 97

Correntes arquitectónicas I 98

    - Anos 20 98

    - Anos 30 98

Estado neutro – espelho oblíquo 101

Correntes arquitectónicas II 102

    - Anos 40 102

Fernando Távora e a «casa portuguesa» 103

Estado Velho 104

Porto 105

Correntes arquitectónicas III 109

    - Anos 50 109

A partir dos anos 60 110

13. Democracia e visão europeia 113

Democracia 113

Aos meus olhos 113

Consumismo 115

CEE 115

Futuro? 117

PARTE II – LEVANTAMENTO E REGISTO ARQUITECTÓNICO 119

Alimentação

MERCEARIA SALGUEIRISTA 122

MERCEARIA DO JAPÃO 123

FELIX BARBOSA & C.ª, SUCC. 124

AZEITEIRO ROSA	124
MARQUES & ARAÚJO, LDA.	124
ANTIGA MERCEARIA MARIA JOSÉ / actual MERCEARIA FERNANDO LOPES	126
MERCEARIA DA COOPERATIVA DOS FUNCIONÁRIOS PÚBLICOS DO DISTRITO DO PORTO	127
CASA ORIENTAL	128
MERCEARIA	130
MERCEARIA LUIZ ALVES MOREIRA	131
A PÉROLA DO BOLHÃO	132
A PORTUGÁLIA (ADOLFO SILVA)	134
CASA BAVIERA (GÄRTNER & C.ª LDA.)	135
MERCEARIA (BRITO D'OLIVEIRA MENDES)	135
«O CHINEZ» / A CAFEZEIRA	136
A PÉROLA DA ÍNDIA (DIAS, MENEZES, LDA.)	138
CHÁVENA D'OURO (ALFREDO PEREIRA JORDÃO)	140
A PÉROLA DE NANKIN (OLIVEIRA, BASTOS & C.ª)	142
PÉROLA DA BATALHA / actual O CAFEZEIRO	144
A FAVORITA DO BOLHÃO (J. ARAÚJO & C.ª LDA.)	146
CASA CHRISTINA (VICTOR H. FRANÇA, SUCC. LDA.)	147
SUPERMERCADO CUNHA	148
PADARIA BIJOU	150
PADARIA FLOR DO PARAÍSO (JOAQUIM DE SOUSA MENEZES)	152
PADARIA TABOENSE	153
PADARIA	154
PADARIA BARBOZA	156
PADARIA (MAIA & GARCIA)	157
PADARIA COSTA CABRAL	157
PADARIA FLOR TABOENSE	158
PADARIA-CONFEITARIA CUNHA & SOBRINHO	160
PADARIA FLOR DE PARIS	161
SALSICHARIA INTERNACIONAL / actual CASA HORTÍCULA	162

TALHO (COMPANHIA UTILIDADE DOMÉSTICA)	164
SALSICHARIA DO PORTO (ANDRADE & VIEIRA)	165
TALHO E SALSICHARIA JACINTO	165
TALHO	166
CASA CAMÉLIA	168
A PARCERIA VINÍCOLA DO NORTE	169
CASA MARGARIDENSE («PÃO-DE-LÓ»)	170
SOCIEDADE INDUSTRIAL ALIANÇA	172
AVELEDA, LDA. (FERNANDO GUEDES)	173
MANTEIGARIA VIANEZA (FERREIRA LEITE & C.ª)	174
MANTEIGARIA LONDRINA (OLIVEIRA E LEITE, LDA.)	175

Têxteis e vestuário

ESTAMPARIA DO BOLHÃO	176
CAMISARIA CONFIANÇA (ANTÓNIO DA SILVA CUNHA)	177
MANUEL DA COSTA FIUZA	178
CAMISARIA A. FARIA & BRITO	178
DIAS ALMEIDA & ALBANO	179
CAMISARIA OLIVEIRA (MANUEL CAETANO DE OLIVEIRA)	179
ARMAZÉNS DA CAPELA (A «POMPADOUR»)	180
ALFAIATARIA MESQUITA & C.ª	181
AU GRAND CHIC – ALFAIATARIA (ROCHA CABRAL)	181
CAMISARIA ELEGANTE (ROGÉRIO, FARIA & C.ª)	182
ALBANO RAMOS PAES – LANIFÍCIOS	182
PEDROSO & FILHO / LONDON STYLE	183
FERNANDES FALCÃO & LEMOS – FAZENDAS	183
F. NOVAIS & C.ª LDA. – MALHAS / MIUDEZAS	184
COSTA BRAGA & FILHOS | ARTHUR DE VASCONCELLOS, FILHOS / AU PRINTEMPS	186
DOMINGOS BACELAR & IRMÃOS	188
A MEIA D'OURO (CARLOS CUNHA)	190
ROUPARIA DA MODA (JOSÉ DA COSTA E CASTRO)	190

A MODA (SOUZA & MAGALHÃES)	191
ANTÓNIO BRANCO RIBEIRO DE SOUZA	191
PINTO CAMISEIRO / actual LIVRARIA CAIXOTIM	192
CAMISARIA GOMES	194
ESPELHO DA MODA (F. DA SILVA CUNHA & FILHOS)	196
CAMISARIA ELEGANTE (MESQUITA & GOMES)	197
ADELINO A. PEREIRA – LANIFÍCIOS	198
CASA PARIS (ALBERTO FERREIRA DE CARVALHO)	198
CAMISARIA CENTRAL (ARMÉNIO DE LEMOS & C.ª)	199
LOPO XAVIER & C.ª LDA.	200
ARMAZÉNS CUNHAS	202
PORTO MEIA	204
CAMISARIA ADÓNIS (ANTÓNIO PEREIRA DA ROCHA)	204
CASA DAS MALHAS (J. PINHEIRO & C.ª LDA.)	205
CASA AFRICANA (FREIRE DA CRUZ & C.ª LDA.)	206
CASA BRITO (BRITO & PLÁCIDO, LDA.)	208
PEQUENO LOUVRE (CORREIA, FIGUEIREDO & OLIVEIRA)	209
ELEFANTE BRANCO (RAMOS & IRMÃO)	209
ANDRADE – MODAS E MIUDEZAS	210
ARMAZÉNS ZÉ-DIOGO	210
ALOMA (AMÉRICO PINHEIRO DA COSTA)	211
HIGH-LIFE (MANUEL JOSÉ FERREIRA)	212
CASSIANO – MODAS (CASSIANO ALVITE DA SILVA)	212
KATTITA (SOUSA & CARVALHO, LDA.)	213
MEIA CARLO (ERNESTO PEREIRA)	213
REI DOS CHALES (ANTÓNIO TEIXEIRA PINTO & C.ª LDA.)	214
J. MARQUES & C.ª LDA.	215
SOFT LINGERIE	216
RENDA BELA	217
PLUVIUS (SOARES, IRMÃO & C.ª)	218

ARMAZÉNS MORAIS	219
RUBI	220
CASA COELHO	222
FINKELSTEIN (SRUL FINKELSTEIN)	222

Calçado e marroquinarias

MANUEL NARCISO DA SILVA	223
ANTÓNIO JOSÉ NASCIMENTO	223
CASA CROCODILO (TOMÁS DE ALMEIDA COUTINHO, LDA.)	224
SAPATARIA SANTOS COIMBRA	226
SAPATARIA JOÃO PESSOA	226
SAPATARIA RODRIGUES	228
SAPATARIA VIGUROSA (M. G. SOBRINHOS & C.ª LDA.)	228
SAPATARIA IDEAL	229
SAPATARIA FOX	229
CASA SECIL / CASA DOUGLAS	230
METROPOLIS	230
SAPATARIA JÓIA	231
SAPATARIA INGLESA (MANUEL SOARES OLIVEIRA)	232
SAPATARIA DANDI (ANTÓNIO LEITE)	233
SAPATARIA CAPRI (JOSÉ FERREIRA GOMES)	233
CELESTINO RIBEIRO DA SILVA	234
AU BON GÔUT (LAURA OSÓRIO)	236
GRAND CHIC (A. M. SEIXAS)	236
NOTRE DAME DE PARIS	237
COUTINHO & COMANDITA	237
CHAPELARIA EUROPA	238
CHAPELARIA CASSIANO / BIJOU	239
CHAPELARIA BAPTISTA / actual CONFEITARIA BAPTISTA	240
CHAPELARIA ALCINA	241
CHAPELARIA ROSAS	241

CHAPELARIA LINDOYA	242
CHAPELARIA ALMEIDA	242
CASA LIMA	243
LUVARIA BONIFÁCIA	244
LUVARIA VENEZA (J. RODRIGUES GRANJO)	244
CARDOSO CABELEIREIRO	245

VOLUME II

Bazares

BAZAR DO PORTO LUIZ SOARES	8
BAZAR IDEAL (ABÍLIO ÂNGELO) / depois RAUL PEREIRA DA COSTA	10
BAZAR NATAL (REINALDO TAIPA)	10
BAZAR DO LOUVRE / BAZAR DE LONDRES	11

Relojoarias, ourivesarias

CASA PIMENTEL – RELOJOARIA	12
ALBERTO VIANA – RELOJOARIA	12
RELOJOARIA MARCOLINO	13
RELOJOARIA SUÍSSA (DOURADO & FERREIRA, LDA.)	14
RELOJOARIA-OURIVESARIA ZURICH	14
RELOJOARIA J. MOURA	15
OURIVESARIA COUTO & MOURA / depois JOSÉ ROSAS	16
OURIVESARIA LEITÃO & IRMÃO / actual LIVRARIA MOREIRA	17
OURIVESARIA COUTINHO	18
OURIVESARIA NEVES & FILHA, LDA.	20
OURIVESARIA REIS & FILHOS	22
OURIVESARIA BARROSO & FILHO	24
OURIVESARIA MOREIRA & IRMÃO	24
OURIVESARIA-JOALHARIA ANCORA	26
OURIVESARIA EDUARDO A. CARNEIRO	28

JOALHARIA MIRANDA, FILHO & DUARTE / actual CASA VICENT	30
OURIVESARIA-JOALHARIA SILVÉRIO STRECH	32
OURIVESARIA ALEXANDRE TORRES	32
OURIVESARIA ARLINDO MONTEIRO & IRMÃOS	33
OURIVESARIA CUNHA / actual CONFEITARIA SERRANA	34
OURIVESARIA CUNHA / actual MACHADO JOALHEIRO	36
OURIVESARIA CAETANO SOUZA PINTO & BARBEDO, SUCC.	38
OURIVESARIA-RELOJOARIA E. PINTO DE ALMEIDA, SUCC.	38
OURIVESARIA-JOALHARIA RAÚL PEREIRA	39
OURIVESARIA-JOALHARIA MARTINS, FILHO & C.ª / actual OURIVESARIA DAS FLORES	40
OURIVESARIA ALIANÇA	42
OURIVESARIA-RELOJOARIA VICENTE	44
OURIVESARIA-JOALHARIA ÁGUIA D'OURO (DAVID FERREIRA)	45
OURIVESARIA SILVEIRA	45

Equipamento da casa

CASA CYPRIANO & C.ª – BERNARDINO D'ALMEIDA & SILVA, LDA. (MÓVEIS)	46
THOMAZ CARDOSO	48
CASA BENTO	49
DEPÓSITO DA FÁBRICA DE PAPÉIS PINTADOS DA FOZ	50
FERNANDES, MATOS & C.ª	52
A ILUMINADORA	54
ARTHUR BARBEDO	54
HBC – EMPREZA ELECTRICA	55
SKF, LDA.	55
RÁDIO PORTO	56
SONORA RÁDIO	56
PFAFF (MOURA & FORTES, LDA.)	57
SINGER	57
RICON PERES	58
ROBERTO CUDELL, SARL	60

CAMINHOS-DE-FERRO ALEMÃES	60
CASA CASSELS	61
TELEFUNKEN – AEG LUSITANA DE ELECTRICIDADE	62
SOCLIM (SOCIEDADE OCIDENTAL DE COMÉRCIO, LDA.)	62
ELECTRÓNIA, LDA.	63
RÁDIO TRIUMFO, LDA.	64
PHILCO – ARNALDO TRINDADE & C.ª, LDA.	64
TEIXEIRA E BRITO, LDA. (MELODIA)	65
BRAGA & PILE	66
COOPERATIVA «O PROBLEMA DA HABITAÇÃO» / actual MARQUES RIBEIRO, LDA.	66
PINTE V. PRÓPRIO (FERNANDO ALVES, LDA.)	67
SOPREL – SOCIEDADE DE OBRAS E PROJECTOS DE ELECTRICIDADE, SARL	67
ARNALDO LIMA & IRMÃO / actual MÁRIO DE ALMEIDA, LDA. – ARTIGOS DE CARROCERIA	68
A CONSTRUCTORA (ANTÓNIO AUGUSTO, SUC.S, LDA.)	69
MANUEL VIEIRA REBELLO & SUCESSORES, LDA. / PAPELARIA EM 1895	70
SEBASTIÃO BRAZ, LDA.	71
CASA GRANADO	72
BENTO PEIXOTO & HERDEIROS	74
FERRAGENS COSTA MANO / actual FERMOURA	75
EDUARDO GOUVEIA & C.ª, LDA.	76
ANTERO NEVES – FERRAGENS	77
DROGARIA MOURA	78
NOVA DROGARIA MEDICINAL (SANTOS & SANTOS)	80
DROGARIA ALVOR (CARVALHO RIBEIRO & C.ª, LDA.)	82
DROGARIA COSTA, ALVES & C.ª, LDA.	83
DROGARIA LOUZADA	84
DROGARIA CASTILHO / actual PERFUMARIA CASTILHO	85
DROGARIA DA POCINHA (J. A. DE OLIVEIRA, SUCC.)	86
ESCOVARIA DE ERMEZINDE	87
BAZAR CENTRAL (AUGUSTO BASTO & IRMÃO)	88

CASA DO PEIXINHO (M. M. SANTOS ADRIÃO)	89
CASA DA MARINHA GRANDE (MERUJA, FONTES & BARBOSA, SUCC.)	89
ARTE (ÂNGELO DE AMORIM) / actual DIPOL	90
CASA DAS LOUÇAS (EDUARDO F. BARBOSA)	91
FANTASIA (CARVALHO & MARTINO, LDA.)	91
GARDÉNIA (A. J. DA SILVA E SOUSA)	92
PRIMAVERA (ANTÓNIO FELICIANO DE SOUSA)	92
A JARDINEIRA (JOSÉ LUIZ TEIXEIRA PINTO)	93
ATELIER DO ESCULTOR HENRIQUE MOREIRA	94
FRANKLIN – OBJECTOS DE ARTE (F. RAMOS PEREIRA)	95
OFICINA DE PINTURA DECORATIVA	96
OFICINA DE PINTURA DECORATIVA – ARTISTAS REUNIDOS	97
CASA DAS ROLHAS	98
CASA DE S. JOSÉ (J. BARBOSA RIBEIRO & C.ª LDA.)	100
A. D. CANEDO, SUCC.	102
CASA DA SENHORA DE LOURDES	103
DEPÓSITO DA FÁBRICA DE VELAS DE S. MAMEDE	104
DEPÓSITO DA NOVA FÁBRICA DE VELAS MANUEL ROCHA	105

Lazer, desporto, cultura

MOURA BASTO & PINA	106
CASA SPORT	107
LIVRARIA PORTUENSE – SIMÕES LOPES	108
RENASCENÇA PORTUGUESA – ASSOCIAÇÃO DE LITERATURA E ARTE	109
LIVRARIA-EDITORA LATINA	110
COMPANHIA PORTUGUESA EDITORA	111
PORTO EDITORA, LDA.	111
LIVRARIA FIGUEIRINHAS / actual EDUCAÇÃO NACIONAL	112
PORTUCALENSE EDITORA	113
LIVRARIA PORTUGÁLIA	114
ARMAZÉNS GRÁFICOS A. RODRIGUES & C.ª LDA.	116

TIPOGRAFIA JOAQUIM DUARTE	117
PAPELARIA ARAÚJO & SOBRINHO	118
PAPELARIA MODELO	120
PAPELARIA CARVALHO & GASTALHO	122
ARAÚJO & SOBRINHO, SUCC.	123
PAPELARIA ACADÉMICA	123
PAPÉLIA	124
PAPELARIA FIDÉLIA	124
PAPELARIA SOUSA RIBEIRO	125
ARNALDO TRINDADE – TABACARIA	126
TABACARIA BEIRÃO	126
ANTIGA TABACARIA VELUDO	127
TABACARIA PRATA (JÚLIO ALVES PRATA)	128
DEPÓSITO DE TABACOS INVICTA (A. LENCART E SILVA & C.ª LDA.)	129
FOTOGRAFIA MODERNA	130
JÚLIO WORM – ARTIGOS FOTOGRÁFICOS	130
FOTO – IRIS	131
FOTO BAZAR	131
ALFREDO PEREIRA – PIANOS	132
CASTANHEIRA & C.ª SUCC. (CUSTÓDIO CARDOSO PEREIRA)	133
CENTRO MUSICAL JÚLIO DA FONSECA	133
PIANOS – ALBERTO VINHAS	134
CASA CAIÚS	135
QUIOSQUE (ANTÓNIO BALTAZAR)	136
QUIOSQUE (ALBINO TEIXEIRA BRANDÃO)	137
QUIOSQUE (JOSÉ RIBEIRO GOMES)	138
QUIOSQUE (ANTÓNIO AUGUSTO)	139

Saúde, beleza

FARMÁCIA LEMOS & FILHOS, LDA.	140
FARMÁCIA FIGUEIREDO	141

FARMÁCIA ANTIGA DA PORTA DO OLIVAL	142
FARMÁCIA CAMPOS	144
FARMÁCIA ALMEIDA CUNHA	146
FARMÁCIA DO TERREIRO	148
FARMÁCIA GUERRA	150
FARMÁCIA MARTINO	151
FARMÁCIA ESTÁCIO – COMPANHIA PORTUGUESA DE HIGIENE	152
FARMÁCIA HIGIÉNICA (FLORES & COUTO)	154
FARMÁCIA FALCÃO	155
FARMÁCIA VITÁLIA	156
FARMÁCIA DOS CLÉRIGOS – INSTITUTO PASTEUR DE LISBOA	158
FARMÁCIA BIRRA	160
FARMÁCIA FERREIRA	161
FARMÁCIA	161
BARBEARIA	162
BARBEARIA VALENTIM RIBEIRO / actual TABACARIA	163
BARBEARIA TINOCO / actual CABELEIREIRO SOUSA	164
BARBEARIA VENÊZA	166
BARBEARIA PETRÓNIO	166
BARBEARIA CENTRAL	167
J. M. ALVES – ÓCULOS	168
EMÍLIO DE AZEVEDO CAMPOS & FILHOS	169
BACELAR & MARTINHO, LDA.	170
KÉVEL – LABORATÓRIO DE QUIMIATRIA	171
CASA TORRE EIFFEL	172
CASA XAVIER – ORTOPEDISTA	173
PERFUMARIA ALVES QUINTELLA	174
PERFUMARIA BOTELHO DE SOUZA	174
TINOCO – PERFUMARIAS / CUTELARIAS	175
CASA OTHELLO / actual CASA MÉNAGE	176

Combustíveis e materiais de transporte

VACCUM OIL COMPANY	178
SHELL COMPANY OF PORTUGAL	179
GARAGE MINERVA – CASAL, IRMÃOS & C.ª	180
STAND AMERICANO – FORD	181
STAND CITROEN / actual CASA INGLESA	182
STAND INVICTA (ROCHA BRITO, FILHOS & C.ª)	184
AUTOMOTIVE AGENCIES, LDA.	184
STAND MÁRIO FERREIRA, LDA.	185
STAND AUTO	185
STAND PALACE (MACHADO & BRANDÃO)	186
STAND AUTO-GARAGEM PASSOS MANOEL (AMORIM, BRITO & SARDINHA, LDA.)	188
J. J. GONÇALVES, SUCRS.	190
CICLO-PORTO (JOSÉ DOS SANTOS BRAGA)	191

… À volta de um chá

CAFÉ LEÃO D'OURO	192
CASA DAMAS	194
CONFEITARIA OLIVEIRA – FILIAL	194
CONFEITARIA CASA LIÉGE	195
CONFEITARIA COSTA MOREIRA	195
CONFEITARIA DO BOLHÃO (MATHIAS, LDA.)	196
CONFEITARIA ARCÁDIA	198
CONFEITARIA CASA BAPTISTAS	200
CONFEITARIA O BOM DÔCE	200
CERVEJARIA-PASTELARIA BOCAGE (VEIGA & CAMPOS)	202
RESTAURANTE-ADEGA NAU	203

Serviços de natureza económica

LAVANDARIA PRONTO	204
FELIZ FERRÃO	206
SOCIEDADE DE LOTARIAS ATLÂNTICO, LDA.	207

L. J. CARREGOSA & C.ª LDA. 208

LUIZ FERREIRA ALVES & C.ª 210

JOAQUIM ALVES DE OLIVEIRA – CASA BANCÁRIA / actual CASA CORAÇÃO DE JESUS 211

ENGRAXADOR 212

REFERÊNCIAS BIBLIOGRÁFICAS 213
ÍNDICE DE AUTORES DE ARQUITECTURA 221
ÍNDICE GERAL, VOLUMES I e II 225